MAZAL

Francesc Miralles es un referente en el campo del desarrollo personal y ha escrito numerosos libros de éxito internacional. Nacido en Barcelona, se licenció en Filología Alemana y trabajó varios años como editor y en una agencia literaria. Actualmente imparte conferencias en todo el mundo y escribe en medios como *El País Semanal* y *CuerpoMente*, además de trabajar en la Cadena SER y RNE. Entre otras obras, es autor de la novela *Amor en minúscula*, traducida a 27 idiomas, y coautor del ensayo *Ikigai*, traducido a más de 65 idiomas, que ha ocupado los primeros puestos de *best sellers* en EE.UU., Reino Unido, Holanda, Turquía y la India, donde ha permanecido dos años como nº1 en las listas.

Código BIC: VS | Código BISAC: SEL000000
Diseño de cubierta: Sacajugo.com

FRANCESC
MIRALLES

MAZAL

El secreto ancestral de la fortuna

books4pocket

Argentina • Chile • Colombia • España
Estados Unidos • México • Perú • Uruguay

1.ª edición en **books4pocket** Octubre 2025

López de Hoyos, 92, Planta Baja Derecha – 28002 Madrid
www.edicionesurano.com
www.books4pocket.com

ISBN: 978-84-19130-78-5
E-ISBN: 978-84-19699-44-2
Depósito legal: M-18876-2025

Fotocomposición: Urano World Spain, S.A.U.
Impreso por Novoprint, S.A. – Energía 53 – Sant Andreu de la Barca (Barcelona)

Impreso en España – *Printed in Spain*

ÍNDICE

Williamsburg (Brooklyn)

EL LIBRO DE LA SABIDURÍA
Cuentos y proverbios de la tradición judía

NOTA DEL AUTOR

Cuando me deja tiempo mi trabajo como conferenciante, autor de libros y periodista de desarrollo personal, de vez en cuando doy algún taller de escritura. Y una de las preguntas que me hacen a menudo, sobre todo los más jóvenes, es *sobre qué deberían escribir.*

En la mente de un ser humano hay tantas posibilidades como galaxias en el Universo, cada una con sus soles, alrededor de los cuales gravitan distintos planetas y lunas. Partiendo de una idea puedes crear un firmamento lleno de luz o un agujero negro que no te lleva ningún sitio. ¿Qué opción elegir, entonces? ¿Por dónde empezar?

Mi primer consejo siempre es: *escribe sobre lo que conozcas.* Y si me apuras, añadiría, *escribe sobre aquello que creas conocer mejor que nadie.*

Hacer lo contrario es posible, pero implica una pérdida innecesaria de energía que podrías dedicar a otra cosa. Recuerdo que, en una ocasión, una joven pareja de escritores madrileños me explicó su proyecto: una historia de amor que tendría lugar en un *diner* de Estados Unidos. Mi primera pregunta fue:

—¿Habéis vivido en Estados Unidos?

—No… —reconocieron—. Todavía no hemos ido.

—Entonces, ¿por qué no situáis vuestra historia de amor en una cafetería de la Gran Vía? Os ahorraréis trabajo de documentación y tendréis muchos más detalles auténticos que incluir.

Esta pequeña anécdota me sirve para explicar por qué decidí escribir este libro, que aborda los secretos de las personas capaces de lograr el éxito en lo que se propongan, mientras que otras malogran sus oportunidades y viven por debajo de lo que merecen.

Puedo hablar de esto con autoridad porque he estado en ambos lados.

En mi juventud y en los primeros años de mi carrera en el mundo editorial, yo llevaba una vida miserable. Pese a trabajar de sol a sol, de lunes a domingo, siempre andaba endeudado y me sentía triste y aislado, incomprendido por el mundo, como el hombre que protagoniza esta aventura. Fracasaba repetidamente en el amor, pasé por más de una depresión y llegué a tener que pedir dinero a los amigos para sobrevivir.

En aquella época, me consideraba un soñador pesimista. Es decir, tenía muchos sueños pero parecía imposible alcanzarlos.

Hasta que me di cuenta de que había otra manera de vivir, pensar y hacer las cosas. Entonces, algo hizo «clic» dentro de mí y me encontré en un escenario vital totalmente distinto. De repente, lo que me había parecido difícil en extremo se revelaba sorprendentemente fácil.

Los buenos resultados que me llegaban de todas partes hicieron que, de soñador pesimista, me convirtiera en un soñador optimista. Si en el pasado había esperado cuatro años para conseguir editor para un libro, ahora lograba decenas de traducciones y mis obras se reeditaban en los cinco continentes. Tenía más amigos de los que podía atender y una vida sentimental estable.

¿Qué había pasado? ¿Qué es lo que hizo «clic»?

Preparando la documentación para esta obra me di cuenta de que no hay una sola clave para explicar cómo se obró esta alquimia, sino muchas que actúan conjuntamente. Las iré presentando a lo largo de este libro.

Algunas me llegaron a través de lecturas que fueron providenciales, otras a través de maestros de todo tipo, o bien por descubrimientos que nos procura la propia vida. El conjunto de estas enseñanzas me llevó a realizar una serie de cambios que dieron la vuelta a mi panorama personal.

Mientras pensaba en cómo iba a sistematizar todo esto, un encuentro fortuito —si es que existe algo así— con una estudiosa de la sabiduría judía me dio la respuesta. Me explicó el sentido oculto de la palabra que da nombre a este libro, y me di cuenta de que todas las claves que voy a dar se relacionan con esos tres pilares. Y explican por qué este pueblo ha prosperado históricamente en todos los entornos, incluido el desierto.

Mi misión, por lo tanto, sería trasladar ese secreto ancestral a la vida cotidiana, de modo que cualquier persona pueda aplicarlo.

Empecé a trabajar en esta dirección, entrevistando a cabalistas, filólogos y otros estudiosos de la tradición hebraica. Algunos de ellos aparecen en el relato en forma de personajes. Como el protagonista, me trasladé de Brooklyn al corazón del Kazimierz, el barrio judío de Cracovia.

Alojado en el hotel Rubinstein, visité las tres sinagogas, oscuras librerías llenas de tesoros, restaurantes de antigua cocina judía llenos de reliquias en las paredes, el viejo cementerio Remah…

Como dice Constantino Cavafis en su *Viaje a Ítaca*, fui a ese rincón de la vieja Europa para aprender de los que saben y, de este modo, desentrañar el secreto ancestral de la fortuna.

La mayor parte de los lugares y personas que encontrarás en este relato son reales, como lo son las enseñanzas que voy a compartir en el libro. Confío en que sirvan para cambiar eso que a veces llamamos destino, pero que en realidad obedece a elecciones personales, muchas de ellas inconscientes.

Nos espera, sin lugar a duda, una aventura apasionante. ¡Gracias por acompañarme!

Francesc Miralles

—¿Y cuándo piensas realizar tu sueño?
—le preguntó el maestro al discípulo.
—Cuando tenga la oportunidad de hacerlo
—respondió este.
El maestro le contestó:
—La oportunidad nunca llega.
La oportunidad ya está aquí.

Anthony de Mello

Williamsburg
(Brooklyn)

1
La consulta del psíquico

Refugiado bajo el toldo de una vieja tienda de discos, Saúl sentía que aquel aguacero era una metáfora de su vida. La cortina helada que golpeaba los adoquines de Williamsburg le hizo pensar en el sumatorio de calamidades y decepciones que le azotaban desde que tenía uso de razón.

Tras abandonar la universidad, al dejar su California natal por aquel barrio de Brooklyn, había soñado con toda clase de éxitos. Como cantaba Frank Sinatra: «*Si puedes hacerlo aquí, puedes hacerlo en todas partes*». Sin embargo, muchos años después, su único éxito era seguir vivo. El resto había ido de mal en peor.

Como pequeña muestra, aquel lunes por la tarde ni siquiera tenía un paraguas para cruzar. Por eso esperaba a que amainara el temporal.

Un rótulo luminoso parpadeaba al otro lado de la calle, pero la lluvia no le dejaba leer lo que ponía. Había pasado por delante de aquella tienda decenas de veces, pero nunca se había dignado a leerlo. Era parte de su carácter no fijarse en las cosas, a excepción de aquellas que le estallaban en la cara.

El semáforo se puso en verde sin que Saúl se moviera de su lugar. Luego en rojo. Y nuevamente en verde. Temblando de frío, se entretuvo mirando los coches que atravesaban aquella arteria del barrio judío de Brooklyn. En su barrio vivía mucha gente adinerada: vio un par de Mercedes de gama alta, un Tesla X, e incluso una larga limusina con los cristales tintados.

Se preguntó qué clase de idiota presuntuoso viajaría allí dentro, circulando de forma confortable y calentita, mientras él se helaba bajo el toldo.

Saúl se preguntaba el motivo por el que todo le salía mal, si no hacía daño a nadie. Al menos de modo consciente.

El telón de agua aflojó un poco, permitiéndole leer el rótulo luminoso:

PSÍQUICO ZOLTAN

◈ conoce tu destino ◈

No le sorprendió demasiado ver ese tipo de chiringuito —los había a decenas en Nueva York—. Lo que sí lo dejó boquiabierto fue la mujer que en aquel momento salió de él.

La conocía.

Le pareció tan atractiva o más que cuando la había conocido al establecerse en Williamsburg. Habían trabajado juntos en una pequeña empresa de publicidad en la que él solo había durado nueve meses. Con el pretexto de que no tenían suficiente volumen de negocio, se veían obligados a reducir la plantilla, le había explicado el jefe.

Y le había tocado a él, como siempre.

Con Sarah, que pese a su juventud era ya directora de arte, había tenido poco más que conversaciones cortas en la máquina de café, pero no la había olvidado. Le gustaba su manera de escucharle, con una mirada dulce y atenta que no juzgaba. Como mucho, le hacía preguntas concisas sobre lo que él explicaba. Tenía elegancia natural y una amabilidad fuera de lo común, lo cual, sumado a su inteligencia, la hacía inalcanzable. Aun así, había disfrutado charlando con ella.

La nostalgia de aquel tiempo, cuando el futuro parecía un lugar prometedor, hizo que se decidiera a cruzar al ponerse en verde para ir a su encuentro.

La consulta del psíquico no tenía toldo alguno, así que tuvo que mojarse mientras abordaba a una sorprendida Sarah bajo el aguacero, mientras ella se enfundaba un chubasquero amarillo.

—Eres… —él creía que ella no sería capaz de recordar su nombre, pero se equivocaba—. Eres Saúl, ¿verdad?

—¡Sí! Bueno, con unos cuantos años más y algo menos de pelo, pero soy yo.

Como si el nubarrón que le perseguía a todas partes hubiera decidido darle tregua, en ese momento paró de llover. Ella sonrió. Saúl pensó que Sarah esperaba que dijera algo más, así que soltó lo primero que se le pasó por la cabeza:

—Te recuerdo como una tía sumamente lista. —Y, mirando el cartel luminoso del psíquico, añadió—: ¿Cómo puedes creer en ese engañabobos?

—Zoltan es mi padre.

Las mejillas encendidas de la chica hicieron saber a Saúl que, una vez más, había metido la pata hasta el fondo. Al notar su turbación, ella se recompuso y explicó:

—Mi padre siempre decía que heredó el don de mi abuela, que era clarividente. Tras jubilarse, cumplió su sueño de abrir la consulta. Hoy es su cumpleaños y me he acercado a darle un beso.

«Tierra, trágame», pensó él admirando, una vez más, el tacto de Sarah. Justo lo que él no tenía.

—Te pido disculpas por lo que he dicho antes. No soy quién para juzgar. ¿Puedo invitarte a un café? Hace tanto tiempo que…

—Me encantaría, pero debo irme —sus ojos color avellana escrutaron el cielo—. Además, volverá a llover. Vete a casa si no quieres pillar una pulmonía.

Dicho esto, se despidió agitando la mano.

2

Y tú le llamarás destino

Saúl sintió que una vieja y dulce herida volvía a abrirse dentro de él. Inmóvil delante del rótulo luminoso, un resorte interior le llevó a entrar. Tal vez fuera su modo de disculparse por haber insultado al Psíquico Zoltan sin conocerlo, aunque era más probable que le impulsara la curiosidad por conocer al progenitor de la mujer de sus sueños.

Una cortina roja tras el cristal impedía ver el interior de la consulta. Tras buscar un timbre inexistente, Saúl empujó la puerta con timidez. Cuando se cerró a sus espaldas, comprobó que el psíquico no estaba allí.

¿Se habría volatilizado? Quizá ese fuera uno de sus poderes, ironizó para sí mientras tomaba asiento en una butaca algo desfondada.

Entre él y el asiento del psíquico, que parecía un trono, había una mesa con toda clase de amuletos y reliquias: una figura de Ganesha, tres budas en distintas posiciones, una mano de Fátima, varias piedras de cuarzo…

Un hombre fibrado, pese a rondar los setenta, salió de lo que debía de ser el cuarto de baño. Cuando se sentó frente a él, Saúl vio que tenía los mismos ojos de su hija, aunque su expresión era más severa.

Intimidado, devolvió la mirada a aquel batiburrillo de objetos espirituales de procedencia diversa.

—Son regalos de mis clientes —explicó Zoltan, al observar su interés—. Hago esto porque me apasiona, no necesito el dinero. Por eso, no tengo una tarifa establecida. Acepto la voluntad o lo que cada persona quiera darme.

Saúl se dio cuenta de que no llevaba ni un céntimo encima, y aún menos uno de aquellos cachivaches que llenaban la mesa. Como solía hacer cuando se sentía atrapado, optó por hacerse el gracioso:

—Quizás no deba perder su tiempo conmigo, entonces. Me temo que lo único que puedo darle es mi felicitación por su cumpleaños. ¿Tendré yo también algo de psíquico?

Los labios de Zoltan se tensaron, señal de que no le había hecho gracia la broma. Saúl se apresuró a arreglarlo:

—Me he encontrado con su hija hace un momento y me lo ha dicho. Aunque vivimos en el mismo barrio, hacía muchos años que no la veía.

—¡No me extraña! No tenéis nada en común.

Esto último fue como un mazazo en el corazón de Saúl. ¿Tan a la vista estaba que era un *loser*?

Como si se hubiera arrepentido de haber sido tan duro, el psíquico agregó:

—En todo caso, hace tiempo que Sarah no vive en el barrio. Desde que la contrató una multinacional que se instaló en Manhattan, más cerca de su oficina. —Entrecruzó los dedos sobre la mesa antes de dirigirse a él—. Por cierto, ¿en qué puedo ayudarte?

Al principio Saúl no supo qué decir. Había entrado en la consulta siguiendo un impulso, pero lo cierto era que había muchas cosas que deseaba saber, aunque dudaba que Zoltan tuviera respuesta para ellas. Aun así, dado que estaba allí, decidió hablar:

—Mi vida es un desastre en todos los aspectos. Tras estudiar dos años de Bellas Artes en San Diego, vine a la Costa Este con intención de comerme el mundo. Pero es el mundo el que me está comiendo a mí. Yo diría que tengo talento para el diseño, pero no he conseguido estar más de un año en ningún trabajo. Siento que no me valoran o no me comprenden. O ambas cosas, claro. Cada vez me cuesta más encontrar empleo, y cada vez estoy peor pagado. Si sigo así, acabaré durmiendo bajo el puente de Brooklyn.

—¿Por qué no vuelves a California? —le preguntó Zoltan con mirada compasiva—. Allí encontrarás otras oportunidades. Mientras tanto, puedes vivir en casa de tus padres, si aún tienes.

Saúl sintió que se le formaba un nudo en el estómago. En California vivían sus padres, sí, pero no le apetecía contar a aquel iluminado que hacía años que no se hablaba con ellos. Se limitó a decir:

—No puedo regresar. Sería reconocer que he fracasado.

Se hizo un silencio entre los dos que no era incómodo. Saúl paseó la mirada de nuevo por aquel pequeño museo de deidades, mientras se preguntaba si debía poner también sobre la mesa su vida sentimental. Había tenido muchas relaciones y todas habían acabado mal. No sabía si el problema era su criterio a la hora de elegir a sus parejas, o si simplemente tenía mala suerte. En el amor y en todo lo demás.

Antes de volver a la conversación, visualizó de nuevo a Sarah dentro de su chubasquero amarillo. En su imaginación, sentía que era la clase de persona que podría haberlo hecho feliz, muy feliz incluso, pero seguro que ella no pensaba lo mismo.

Definitivamente, no iba a contarle eso, así que optó por decir:

—Usted es psíquico, así que quizás pueda darme su visión de lo que me espera. ¿Mejorará mi situación? Siento que un nubarrón negro me sigue a todas partes. ¿Qué puedo hacer para quitármelo de encima?

—Has de hacer consciente lo inconsciente —sentenció Zoltan con un tono muy serio.

—¿Qué quiere decir con eso?

—No lo digo yo, sino Carl Gustav Jung. Sus palabras fueron: «Hasta que no se haga consciente lo inconsciente, este último seguirá dirigiendo tu vida y tú lo llamarás destino».

No sabía qué contestar a eso, así que se sintió aliviado cuando Zoltan se levantó dando la sesión por terminada. Percibió la empatía de su hija en aquel hombre maduro musculado cuando, a modo de despedida, le tendió un paraguas plegable y le dijo:

—Toma esto o te mojarás.

—Gracias —murmuró Saúl, cohibido—. En unos días se lo devuelvo. Dado que usted es psíquico, seguro que vuelve a llover.

3
La puerta cerrada

Nada más salir de la consulta, un trueno que parecía un timbal del infierno precedió a la verdadera tempestad. Saúl tuvo el tiempo justo de abrir el paraguas antes de que el diluvio le viniera encima.

Encogido bajo aquella protección insuficiente, empezó a recorrer las ocho manzanas que le separaban de su piso compartido. Con el fragor de la lluvia como banda sonora, le daba vueltas a la breve conversación que había tenido con el psíquico.

Hacer consciente lo inconsciente equivalía a saber lo que no sabía de sí mismo y de su existencia. ¿Cómo iba a hacerlo? Vivía de la única forma que conocía. Ni en la escuela ni en su breve paso por la universidad le habían enseñado otra manera. Tampoco sus padres, con los que nunca había podido charlar sin discutir.

¿Por qué era todo tan difícil?

Una última ráfaga de agua helada le empapó la espalda antes de que abriera el portal del viejo edificio. Subió a pie los tres pisos, porque la finca no tenía ascensor, e introdujo la llave en la cerradura.

No entraba.

Extrañado, volvió a comprobar que era la llave correcta antes de volver a meterla en el bombín de la cerradura, que le parecía más brillante de lo que recordaba. Pero nada.

Llamó al timbre, pero no parecía haber nadie en casa. Aun así, volvió a probarlo.

Sin entender qué estaba pasando, su mirada bajó hasta la alfombrilla sucia y raída. Allí había un sobre con su nombre manuscrito.

Cada vez más confuso, Saúl se agachó a recogerlo y sacó de su interior un folio doblado. Al desplegarlo, reconoció la letra de quien era su compañero de piso desde hacía un año.

Estimado Saúl:

Supongo que acabas de descubrir que he cambiado la cerradura. Sé que no es bonito. Puedes considerarlo incluso un acto horrible por mi parte, pero hemos discutido ya varias veces sin llegar a ninguna solución.

Este piso no puedo pagarlo yo solo, y tú hace tres meses que no me das tu parte. Me has hecho muchas promesas, pero yo no veo que vaya a cambiar nada. Exigirte que me entregues las llaves me parecía más violento que lo que acabo de hacer.

Aprovechando que estabas fuera, he empaquetado todas tus cosas y las he mandado a casa de tu primo Oliver, para el que trabajé hace un tiempo. Es el único conocido tuyo del que tengo la dirección. Luego he cambiado el bombín del cerrojo.

Imagino que estás furioso conmigo, y no te quito razones.

Lo siento, no he sabido hacerlo mejor.

Te deseo suerte,

Jamie

PD. He pagado de mi bolsillo la furgoneta y el mensajero que ha llevado tus cosas a casa de Oliver y te perdono los tres meses de alquiler, pero olvídate de mí, por favor.

4
Una oferta inesperada

Nuevamente en la calle, y con un paraguas prestado como única posesión, Saúl sintió que estaba a punto de desmoronarse.

Hacía demasiado que no veía a su primo Oliver, que debía de estar loco de indignación con la llegada de sus bártulos.

Solo de pequeños habían tenido una buena relación. La casa de su tía estaba en el mismo San Diego y pasaban muchos domingos juntos. Al ser hijo de madre soltera, Oliver vivía de forma mucho más espartana que él, y estaba fascinado por su circuito de trenes en miniatura, con una locomotora que encendía los faros antes de entrar en el túnel.

Al empezar la adolescencia, iban juntos a un cine con programa doble y triple de películas de terror.

Poco después, la madre de Oliver encontró una buena oportunidad laboral en Nueva Jersey. Los primos perdieron el contacto, a excepción de algunas tarjetas enviadas por Navidad.

A partir de aquí, a Saúl le llegaban noticias suyas de modo intermitente. Supo que, gracias al nuevo trabajo de su madre, Oliver había logrado entrar en la universidad, pero no había llegado a acabar los estudios. En eso coincidían. Al parecer, luego había abierto un negocio, pero se había arruinado.

Había pasado un tiempo fuera del país, pero nunca llegó a saber dónde había estado ni qué había hecho. El caso es que, tras esta misteriosa desaparición, regresó rico. Compró un moderno ático al oeste de Williamsburg junto al río Hudson, con vistas sobre Manhattan, y se casó con Helen, una mujer brillante y encantadora.

Tuvo el detalle de invitarlo a la boda. El fiestón fue en una villa de Long Island y Oliver apenas le dirigió la palabra. Así supo que su primo era ahora un engreído que se codeaba con nuevos ricos como él. ¿Por qué lo había invitado, entonces, al bodorrio? Quizás para restregarle por la cara que habían cambiado las tornas. Ahora era él quien estaba en la cresta de la ola, mientras que Saúl se estaba ahogando.

Daba la casualidad de que el cobarde de Jamie había hecho la página web para una de sus empresas. Además de dejarlo de patitas en la calle, averiguar la dirección de Oliver y mandarle todas sus cosas había sido una humillación suplementaria.

Saúl pensaba en todo esto mientras bajaba las escaleras del metro. Aunque era posible caminar hasta esa parte exclusiva del barrio, estaba ya calado hasta los huesos. Aunque solo fueran tres paradas, el calor del subterráneo le secaría un poco antes de dar la cara delante de su primo.

Mientras atravesaba las tripas de Brooklyn como una sardina enlatada, Saúl se preguntaba qué trampas y corrupciones habría hecho Oliver en el extranjero, a quién habría engañado con su vanidad para lograr un cambio así de fortuna.

Prefería no saberlo.

Él era pobre pero honrado, así que llevaría sus paquetes a un trastero y buscaría un albergue de mala muerte donde pasar los próximos días. Eso si se lo permitía el poco crédito que le quedaba en la tarjeta.

En medio de estos pensamientos desesperantes, su teléfono móvil sonó cuando ya llegaba a la estación. Era de un número desconocido. Que no le hubieran cortado aún la línea le parecía ya una buena noticia.

—¿Hablo con Saúl Rothman? —preguntó una voz femenina.

—Sí, soy yo mismo.

Se le encogió el estómago al temerse que fuera la reclamación de una deuda. Sin embargo, al otro lado le esperaba una sorpresa muy distinta.

—Llamo de Kelly, la empresa de trabajo temporal en la que se inscribió hace medio año. Ahora mismo no hay ninguna vacante para un puesto en su categoría, pero tengo una oferta genérica para desempleados de Brooklyn que puede interesarle.

Mientras Saúl caminaba por el túnel hacia las escaleras de salida, se dijo que la fortuna de Oliver era tal que, nada más acercarse a su casa, le había contagiado algo de su buena suerte.

—Le escucho, dígame, por favor —le instó, esperanzado.

—No sé si usted conoce la cadena de comida rápida Nathan's.

—Claro... ¿Quién no los conoce? Cuando vas al parque de atracciones de Coney Island es imposible no pedir allí un perrito caliente.

—Celebro que esté familiarizado con la empresa —dijo la mujer con voz algo cansada—. Es justamente para el establecimiento central de Surf Avenue, a la entrada del parque de Coney Island. Necesitan refuerzos para Navidad. Hay puestos en cocina y para la limpieza del local. De estar interesado, debería presentarse este martes a las ocho treinta de la mañana.

—Estoy interesado. Me servirá de trabajo puente hasta que encuentre algo como diseñador —dijo para convencerse a sí mismo.

—Tome nota entonces de la persona por la que tendrá que preguntar.

Tras la alegría inicial, al salir a la calle Saúl sintió una desazón creciente. A medida que se aproximaba al elegante bloque con vistas donde vivía su primo, se daba cuenta de lo penosa que era su situación.

Si mañana era admitido, a su edad tendría el empleo precario de un estudiante que empieza a abrirse camino en la vida.

En la lujosa recepción del edificio tuvo que dar al conserje el nombre de su primo para que le permitiera pasar. En vez de tomar el ascensor, prefirió subir por las escaleras. Con su mal fario, temía quedarse atrapado entre dos pisos.

5

Olvidar los propios favores

Tras llamar al timbre, al oír los pasos decididos que se aproximaban a la puerta, Saúl sintió que le flaqueaban las piernas. Respiró hondo, preparado para recibir la siguiente bofetada que le tenía reservada el destino.

Sin embargo, quien le recibió fue un niño pelirrojo que no tendría más de cinco años. Le miró de arriba abajo y regresó corriendo a la vez que gritaba:

—¡Papá, ya está aquí!

Una niña aún más pequeña asomó su cabeza rizada por el recibidor y, tras soltar una breve carcajada, se marchó a la carrera.

Sin atreverse a entrar en el apartamento, Saúl se quedó en el umbral hecho un manojo de nervios. Desatento por naturaleza, ni siquiera se había enterado de que su primo tenía dos hijos. Por el color de su pelo, eran sin duda de la misma mujer con quien se había casado en Long Island.

Divisó, lleno de inquietud, cómo su viejo compañero de juegos se acercaba con paso rápido hacia la puerta. Había engordado un poco, pero el rostro jovial y despreocupado era el mismo de siempre.

—Antes de que me eches la caballería encima, Oliver, tengo que pedirte disculpas por...

Un abrazo robusto le hizo callar.

—No digas nada, primito —le dijo al oído—. Es una alegría verte, después de tanto tiempo.

—Me alegra que no estés enfadado. Con suerte, mañana vuelvo a trabajar y podré llevarme las cajas a un trastero.

—Si me sigues dando explicaciones, entonces sí que me voy a enfadar —insistió con tono suave—. Ahora pasa, la cena está casi a punto. Helen llegará en un rato.

Sorprendido por aquella acogida, Saúl siguió a su primo hasta un amplio y luminoso salón. El *skyline* de Manhattan se reflejaba sobre las aguas del Hudson, pero su mirada se desvió hacia un gran árbol de Navidad con las luces encendidas. Estaba custodiado por los dos niños, que seguían mirando al recién llegado con curiosidad.

Agotado por la ansiedad acumulada, Saúl necesitó sentarse en un sillón de piel frente al árbol. Oliver elevó la voz:

—Anton, Cassandra, ¡no seáis groseros! Id ahora mismo a dar un beso al tío Saúl. Se quedará unos días con nosotros.

Los niños corrieron hacia el sofá y le abrazaron al unísono a la vez que le besaban sendas mejillas. Luego salieron disparados por un pasillo que partía del salón.

La diferencia entre sus lúgubres expectativas y la cálida realidad había provocado en Saúl un tsunami interno. Acostumbrado a encajar golpes, le costaba recibir muestras de cariño. Necesitaba huir, ni que fuera unos instantes, de aquel salón perfecto y lleno de amor que encarnaba todo lo que él no tenía.

—¿Me muestras dónde están las cajas? —preguntó impaciente a Oliver, que le miraba con preocupación—. Necesitaré plancharme algo de ropa para la entrevista de mañana.

—Por supuesto. Acompáñame, querido…

Las cajas estaban primorosamente amontonadas en una habitación llena de cachivaches, incluyendo un cochecito de niño.

Saúl cerró la puerta y, tras sentarse en una caja que debía de contener libros suyos, rompió a llorar. Intentaba ser lo más discreto posible, pero un rumor infantil al otro lado indicaba que su llanto no había pasado desapercibido.

Pudo percibir la vocecita de Cassandra, que preguntaba:

—¿Qué le pasa, papá?

—Vuestro tío tiene algunos problemas —respondió Oliver bajando la voz—. Sed cariñosos con él y no le hagáis preguntas, ¿de acuerdo?

Todavía más avergonzado, Saúl esperó un rato mientras recuperaba el control sobre sí mismo. Como tardaba en salir de la habitación de los trastos, su primo llamó a la puerta con un par de toquecitos.

Luego entró con paso tranquilo y, tras ponerle la mano en el hombro, le habló así:

—Cuando llegó todo esto aquí, me dije: mi primo está en un lío de los gordos. Eres orgulloso y sé que nunca me habrías pedido ayuda, por eso agradecí que ese Jamie mandara la furgoneta con tus cosas de forma tan burda.

—Eres demasiado bueno conmigo, Oliver... —repuso abrumado—. No sé cómo podría...

—Hoy por ti, mañana por mí —le interrumpió—, ya sabes el dicho. Tú me ayudaste cuando yo era un niño pobre y solitario de San Diego. Ahora me llega a mí la oportunidad de echarte una mano.

—No recuerdo haberte ayudado nunca.

Oliver rio ante la modestia de su primo, al que señaló con el dedo índice:

—Eres tan despistado que no te das cuenta ni de tus propios favores. Quédate aquí un tiempo mientras enderezas tu situación, primo.

Dos sombras al otro lado de la puerta abierta revelaban que había público en aquella discusión.

—Me incomoda ser una carga para tu familia —se excusó Saúl—. Solo aceptaré un sofá donde dormir esta noche. Mañana mismo me buscaré una pensión económica por Conney Island. Pediré un adelanto, si es necesario.

—Ni hablar —repuso Oliver con firmeza, y a la vez que los niños metían ya la cabeza en la habitación, les dijo—: No permitiremos que se vaya, ¿verdad?

—¡No le dejaremos! —gritó Anton.

—Quédate con nosotros, tío Saúl… —le rogó Cassandra.

6
Coney Island

Tras una noche de sueño frágil a causa de las emociones, Saúl se levantó antes de las siete para llegar con tiempo al restaurante central de Nathan's. Aunque Coney Island estuviera en Brooklyn, llegar hasta allí suponía un larguísimo trecho en metro.

Dejó la habitación de los invitados tan ordenada como la había encontrado y se dio una ducha rápida antes de ponerse la ropa limpia que había planchado la noche anterior. Acto seguido, se encaminó hacia un destino que le horrorizaba, pero que era mejor que vivir de la caridad.

Ya en la línea F, se congratuló de que buena parte del recorrido fuera exterior. Le gustaba ver las calles al amanecer de aquellas partes de Brooklyn por las que nunca pasaba.

Desde su asiento en un vagón que empezaba a llenarse de gente, veía la vida pasar mientras se preguntaba qué clase de futuro le esperaba ahora.

Un suave tintineo en su móvil le advirtió que había recibido un mensaje. Vio que era de su primo y sonrió. Aún se sentía culpable por todos los pensamientos horribles que había tenido sobre él. Le había dado una buena lección. ¿Cuándo dejaría de juzgar?

Abrió el mensaje pensando que le deseaba buena suerte en la entrevista, pero lo que leyó le pareció un chiste negro.

OLIVER

Yo de ti daría media vuelta, primito.
Estoy viendo por televisión que
Nathan's está en llamas.

SAÚL

No sabía que, además de un buenazo
y un crack de los negocios, eras un bromista.

Tras enviar esta respuesta, el móvil se apagó. Se había quedado sin batería. Con todos los percances vividos el día anterior, había olvidado cargarlo.

Mientras el metro avanzaba hacia aquel parque de atracciones obsoleto, Saúl se dijo que no tenía ganas de preparar perritos calientes, pero sí de ver el mar. Hacía mucho tiempo que no lo contemplaba.

Una secreta gramola interna decidió reproducir en su cabeza *Coney Island Baby*, una vieja y romántica canción de Lou Reed. Le encantaba el ritmo lento de guitarra y la voz dormida del artista, que habla más que canta.

Había sido uno de sus álbumes favoritos al instalarse en Nueva York, y sabía que la canción —y el disco al que da nombre— era una carta de amor a Rachel Humphreys, su novia y musa en aquella época.

Saúl pensó que tenía que ser maravilloso escribir una canción a la mujer que amas y que todo el mundo pudiera escucharla por la radio. Y aún más ser correspondido.

En medio de estos pensamientos nostálgicos, llegó por fin a la estación de Neptune Avenue. Quedaban veinte minutos largos para la hora de la cita, así que el candidato a freír salchichas o limpiar las mesas del local no tuvo que apretar el paso.

Estaba bajando por la calle 6th cuando, a la altura del Acuario de Nueva York, supo que algo no iba bien.

Primero le llegó un olor a madera quemada. Al levantar la mirada, vio una nube de humo que cubría el cielo. Hacía rato que oía las sirenas de la policía y los bomberos, pero no se le había ocurrido relacionarlo con el mensaje de su primo.

No fue hasta encontrarse ante la pira de fuego que emergía del mítico local de comida rápida que tomó conciencia de la tragedia. Su última oportunidad de encontrar un empleo ardía en el cielo de Coney Island.

Se quedó un rato embobado ante aquel espectáculo dantesco, hasta que una policía malhumorada le ordenó que diera media vuelta.

—Tengo una entrevista de trabajo con ellos —dijo Saúl aún en estado de shock.

—Pues está claro que hoy no te podrán contratar, cielo. Ya vendrás otro día, cuando se arregle este desaguisado.

Mientras enfilaba el Ruby Jacobs Walk, el paseo bautizado en honor a un emprendedor que, de niño, había empezado vendiendo helados a cinco céntimos, se dijo que ya solo le quedaba el mar.

Al llegar a la inmensa playa, Saúl se preguntó si no sería mejor internarse en el océano helado y morir allí, donde acaba la ciudad y sus sueños.

7

El momento más oscuro de la noche

Tal vez porque estaba desolado, Saúl no regresó al lujoso apartamento de Williamsburg hasta el final de la tarde. Tras varias horas azotado por el viento marino, deambuló por las viejas atracciones de Coney Island.

La noria aparecía en multitud de películas, pero lo que a él le fascinaba eran los autómatas centenarios que, a cambio de una moneda, entregaban una tarjetita con el porvenir. Saúl no llevaba nada encima, así que se tuvo que conformar viendo cómo los niños esperaban a conocer su suerte a través de una anciana que movía las manos mecánicas sobre una bola de cristal.

Luego contempló las caras, entre aterradas y burlonas, de quienes salían de un desvencijado túnel del terror.

De este modo, como un jubilado sin otra ocupación que observar la vida ajena, había pasado la mañana, el mediodía y las primeras horas de la tarde.

Al regresar, con el ánimo por los suelos, al hogar feliz de su primo, un aroma a pescado le recordó que no había comido en todo el día.

—¿Te has divertido por Coney Island? —le preguntó Oliver, que salió de la cocina con un delantal—. Has hecho bien, hoy ha sido el primer día soleado en semanas. Por cierto, ¿aún piensas que soy un bromista?

Ante el silencio vacío de esperanza de su primo, le puso una mano en el hombro. Saúl no toleraba nada bien que se compadecieran de él, así que intentó cambiar de tema.

—¿Dónde están Helen y los niños? La casa está muy silenciosa…

—Les he mandado a cenar fuera, a nuestro restaurante favorito. Esta velada es solo para nosotros dos, como en los viejos tiempos.

Había algo enigmático en la expresión de Oliver. Conocía esa mirada perdida de sus tiempos juveniles: significaba que albergaba alguna idea alocada que compartiría con él cuando quisiera. De nada serviría presionarle.

Intrigado, le ayudó a poner la mesa: el menú se componía de una gran ensalada con varios tipos de hojas y una fuente de bacalao al horno. Dos botellines de Brooklyn Lager completaban la cena de los primos.

No fue hasta que hubieron probado un par de bocados que el anfitrión y cocinero se decidió a hablar:

—Puedo adivinar lo que estás pensando. Me hago cargo, incluso, de lo que has debido de sentir dando vueltas por Coney Island. —Como Saúl no tenía ánimos de comentar nada, Oliver prosiguió—: Sé que has añadido el incendio de Nathan's a tu saco de calamidades y desgracias, pero déjame decirte que ahí te equivocas.

Saúl dejó el tenedor sobre el plato. Aquella aseveración le parecía casi ofensiva.

—El incendio no tiene nada que ver contigo —continuó—. Ha sido totalmente fortuito. Por eso, no deberías tomarlo como excusa para dejar de hacer lo que sí depende de ti.

—Entiendo lo que dices, Oliver —dijo Saúl—, pero hace ya demasiado que voy de fracaso en fracaso. Antes de que mi excompañero de piso mandara mi vida a tu casa, he llamado a muchas puertas y he recibido negativas de todas partes. Debo reconocer que he perdido la fe, aunque no sea religioso. Ya no sé dónde más buscar ni qué más hacer.

—Pues... tengo una propuesta que podría cambiar por completo tu suerte.

Los ojos del empresario habían brillado al decir eso.

—Soy todo oídos —dijo Saúl.

—Tendrás que esperarte al final de la cena. Antes quiero que me hables de tu vida, casi no sé nada de tus últimos años.

—Me temo que no será un relato muy alegre. Lo de hoy ha sido solo el colofón.

—No importa. De hecho, tal vez sea un buen augurio. Una vez oí decir a un misionero de la India algo que me gustó: «El momento más oscuro de la noche es justo el instante antes del amanecer».

8

Si buscas a alguien a quien culpar, mírate al espejo

Con una ancha copa de brandy en la mano, Oliver parecía sacado de una fiesta de *El Gran Gatsby*. Ambos se habían sentado en unas butacas suecas al lado de la cristalera, con la silueta espléndida de Manhattan iluminado al fondo.

—Aquí donde me ves —empezó—, hubo un tiempo en el que estuve peor que tú. Mucho peor, de hecho.

—Yo tampoco sé mucho de tu vida —concedió Saúl—. Solo oí que, tras dejar los estudios, te metiste en un negocio que salió mal y que estuviste viajando antes de… Bueno, la verdad es que no tengo ni idea de cómo has llegado hasta aquí.

—Todo a su tiempo, pero antes quiero que sepas que, tras dejar la universidad… Bueno, lo cierto es que me echaron. No logré aprobar una sola asignatura de Derecho. En aquel tiempo, no tenía la cabeza en mi sitio.

—Sé lo que es eso —añadió Saúl levantando su copa.

—Había fracasado en los estudios y decepcionado a mi madre, que se mataba a trabajar por mí, aunque también es cierto que no me sentía nada identificado con esa carrera. Yo no he nacido para ser abogado.

—Al menos, con el tiempo, has averiguado para qué has nacido. Ojalá yo lo supiera.

—Ya llegaremos ahí… El caso es que me sentía perdido y miserable. Solo atraía el infortunio. Y mi sentimiento de culpabilidad aumentó cuando mi madre me entregó sus ahorros para que pudiera abrir un negocio.

—¿Qué clase de negocio? —preguntó Saúl con curiosidad.

—Creé una plataforma online de inversiones de riesgo. Al principio fue bien, demasiado bien incluso. Eso hizo que me confiara y que pusiera mi dinero y el de mis clientes en valores cada vez más volátiles. No era consciente de que lo que yo vendía era puro humo… —Oliver suspiró, antes de continuar—. Tras perder la mitad de los activos en una caída, me empezaron a llegar demandas de los inversores que habían perdido su dinero. Y pagar minutas de abogados mientras tu negocio se va a pique es la crónica de una ruina anunciada. En mi primer acto de lucidez, vendí mi plataforma junto con mis propios fondos por un precio simbólico: cinco mil dólares. Meses antes yo estaba convencido de que mi plataforma valía millones. En fin, la empresa compradora se hacía cargo de los litigios, así que me deshice de aquel muerto cuanto antes.

—Lograste salir airoso, entonces.

—Por poco tiempo. Ya sabes que el dinero en este país vuela. Me sentía profundamente avergonzado, por mi madre, por los clientes que se sentían engañados, por mí… y no sabía qué hacer con mi vida. La sombra de la decepción era tan larga que no veía salida.

—¿Y qué hiciste entonces?

Los ojos verdes de Oliver parecieron acariciar el *skyline* de Manhattan. Había dolor en ellos. También sabiduría.

—Lo peor que podría haber hecho. Hui como un ladrón a Atlantic City y me instalé en un hotel con casino. Nuevamente, al principio tuve suerte y gané algo de dinero jugando a los dados y a la ruleta. Tal como me había pasado con mi negocio, pensé que esa sería la tónica en adelante, pero en las dos noches siguientes lo perdí todo.

Saúl dio un trago a su brandy. Estaba deseoso de saber cómo continuaba aquella bajada por la pendiente, pero se limitó a escuchar.

—Cuando no me quedaba ni para volver en autobús a casa de mi madre, metí mi última moneda en una máquina tragaperras. Era ya de madrugada y había estado bebiendo como un cosaco. Al ver que salía el bote de mil dólares con una cascada de monedas empecé a gritar. Creo que me había vuelto loco. Bueno, estaba loco hacía tiempo, pero no me había dado cuenta aún. Iba directo a la perdición, y de no haber sucedido lo que ahora te contaré, habría acabado en la cárcel o estaría muerto.

—¿Qué sucedió? —le instó Saúl, impresionado—. ¿Qué hiciste con ese dinero?

—Me llené los bolsillos de monedas y el personal de seguridad me echó del casino. Una vez en la calle, me desmayé. Había bebido demasiado, lo que se sumaba al cóctel de emociones que estaba viviendo en mi camino a la destrucción.

Oliver dejó la copa a un lado y fue a buscar un vaso de agua. Tras sentarse de nuevo, concluyó:

—De no haber aparecido aquella mujer, no estaríamos hablando tú y yo aquí. Borracho como estaba, podían haberme robado y habría acabado tirado en un descampado de Atlantic City. O quizás no, y me habría ocupado yo mismo de aniquilarme los días siguientes.

—¿Quién era esa mujer? —preguntó Saúl, lleno de curiosidad.

—Debía de rondar los cincuenta años y era muy bella. En su mirada azul había una luz juvenil perpetua. Me metió en un taxi y me llevó a un apartamento a las afueras de Atlantic City. Con un acento del este de Europa, me explicó que había venido a visitar a sus hijas. Mientras me preparaba la cama en un sofá, yo empecé a llorar y a contarle todas mis calamidades. Fue el único momento en el que Madame Kohan, como la llamaría a partir de entonces, tuvo palabras duras conmigo. Me dijo: «Si buscas a alguien a quien culpar, mírate al espejo».

—Kohan… parece un apellido judío —divagó Saúl en voz alta.

—Sí, como Cohen y otros derivados. Y lo de Madame era porque, aunque es polaca, vivió buena parte de su juventud en París.

—¿Y qué más sucedió? ¿Te convertiste en su amante o algo parecido? ¿O simplemente dormiste la mona en el sofá con los bolsillos llenos de monedas?

—Esto último sí que lo hice —rio Oliver—, pero mi relación con Madame Kohan no pasó de la amistad. Aunque sería más justo decir que fue mi maestra en un viaje que cambiaría mi vida y mi fortuna para siempre.

—¿Cuando desapareciste del mapa y te hiciste rico?

—Hablaremos de eso en su momento —dijo nuevamente enigmático—. Mientras tanto, tengo una pregunta que hacerte que quizás te sorprenda. ¿Tienes un pasaporte vigente?

—Sí… ¿por qué? —preguntó Saúl sorprendido.

—Si de verdad quieres cambiar tu suerte, necesitaré que me lo prestes esta noche.

Sin salir de su asombro, y sabiendo que no le quedaba nada que perder, Saúl fue a por su pasaporte. Comprobó que le quedaban ocho meses de vigencia. Se lo entregó a su primo y, cuando se disponía ya a pedirle explicaciones, se abrió la puerta del apartamento y los niños entraron en tromba.

Tío Saúl recibió una nueva ración de abrazos y besos, ante la mirada satisfecha de Oliver, que concluyó, enigmático:

—Mañana te contaré todo lo que necesitas saber sobre tu próxima aventura.

9

Una deuda del pasado que compra el futuro

Al día siguiente, Oliver cumplió su promesa. En una terraza acristalada frente al Hudson, dio un sorbo a su segunda taza de té negro y puso el futuro inmediato de su primo sobre la mesa. Literalmente.

Al ver su pasaporte encima de un sobre largo cerrado, Saúl empezó a temerse lo peor. Se guardó el documento en el bolsillo interior de su chaqueta y luego abrió el sobre. Dentro había quinientos dólares y un pasaje de avión a Cracovia. Solo de ida y con salida ese mismo sábado, es decir, en tres días. En una hoja aparte estaba impresa una reserva de habitación en el Hotel Rubinstein.

—No puedo aceptar este dinero —dijo Saúl dejando sobre la mesa los cinco billetes con la estampa de un adusto Benjamin Franklin—. Y supongo que esto del vuelo es una broma…

—Es un pasaje abierto, admite cambios, pero yo de ti no retrasaría el viaje. Tu nueva vida empieza a siete mil kilómetros de aquí. Y todo lo que hay en el sobre es tuyo, me alegra poder satisfacer la deuda que tenía contigo. Ahora estamos en paz.

Saúl dio un sorbo a su café doble tratando de comprender, pero lo cierto era que no entendía nada. Bebió medio vasito de agua para aclararse la voz y luego dijo:

—Pero ¿de qué deuda me hablas? ¿Y qué pinto yo en Cracovia? Eso está... en Polonia, si no me equivoco.

—Al sur del país, sí. Es una ciudad medieval preciosa.

—No lo dudo, pero no estoy en situación de irme de vacaciones, primo. Eso deberías saberlo.

Oliver levantó la mano para pedir la cuenta al camarero. Luego declaró:

—Lo que te espera allí es muy distinto a unas vacaciones. Más bien lo contrario: tienes trabajo, querido.

Saúl había vivido muchas extravagancias de su primo en la adolescencia, pero aquella rebasaba todos los límites.

—¿Me has encontrado un trabajo en Cracovia? No doy crédito... ¡Pero si no hablo una palabra de polaco!

—Eso no importa, por ahora. —Oliver parecía entusiasmado—. Ella habla nuestro idioma... y sus clientes también.

—¿Quién es *ella*? ¿Y de qué clientes me hablas? No esperarás que vuele siete mil kilómetros sin saber a qué voy y qué se espera de mí.

Tras pagar la cuenta con su móvil, Oliver puso las manos sobre la mesa, como un empresario a punto de cerrar un importante negocio.

—No te precipites. Uno de los puntos débiles de tu trayectoria hasta hoy, tal como me sucedió a mí, fue la adicción a la inmediatez. Pero no hay restaurantes de cocina rápida para la fortuna. Todo tiene su proceso, y si quieres acelerarlo, pierdes la recompensa, además del placer de llegar hasta allí.

—Ayer me explicaste que Madame Kohan era polaca. Imagino, entonces, que dos décadas después sigue viva y está... ¿en Cracovia? ¿Es ella quien me espera para darme trabajo?

—Correcto.

—Espero ganar lo suficiente para pagarme el pasaje de vuelta —bromeó Saúl—. Entre lo que te ha costado el vuelo y estos quinientos, te debo mil dólares en total, hotel aparte.

—El hotel lo paga Madame Kohan, es parte de tus beneficios por trabajar con ella. Y no me debes nada, insisto. Estos mil dólares saldan nuestra deuda. —Ante la cara de estupor de su primo, se explicó—: Sé que no te acordarás, pero semanas antes de que nos marcháramos de San Diego, me prestaste diez dólares para invitar al cine y a un batido a una chica que me gustaba.

—Efectivamente, no me acuerdo.

—Bueno, el caso es que no te los devolví. Y para un chico de catorce años, diez dólares equivalen a mil de un adulto con trabajo, como yo. Por lo tanto, acabo de saldar la cuenta. Me siento feliz de podértelo devolver.

Saúl sonrió. Solo Oliver era capaz de pagar una deuda del pasado para comprar su futuro, si se atenía a lo que le había prometido. Qué clase de futuro le esperaba en Cracovia, eso era todo un misterio.

—De acuerdo —dijo guardándolo todo antes de levantarse—, pero cuando regrese te devolveré los mil dólares, descontando los diez del cine de esa pava que tenías por novia.

Oliver le abrazó.

Fue justo entonces, tras aceptar el plan que podía cambiar su vida, que Saúl ató cabos:

—Definitivamente, ese viaje misterioso del que volviste como el rey del mambo fue a Cracovia, ¿verdad?

—Exacto... Y para ello utilicé el dinero que se salvó del casino, que equivale a lo que tú llevas en tus bolsillos.

—¿Trabajaste ya entonces con Madame Kohan? ¿En qué consistía? ¿Qué aprendiste allí para dar un vuelco así a tu destino?

—No contestaré a ninguna de tus preguntas —dijo Oliver con fingida gravedad—. Esa es una parte de la historia que te corresponde a ti descubrir.

10

Cosas que aprendí en Brooklyn

Mientras esperaba a embarcar en su vuelo de United Airlines, Saúl se dio cuenta de que nunca había salido de su país. En eso era como Elvis, se dijo, que solo había abandonado Estados Unidos para hacer la mili en Alemania, no tan lejos de adónde él se dirigía.

La diferencia era que el rey del rock tenía un enorme talento y era famoso en todo el mundo, mientras que Saúl solo había encadenado errores y desilusiones que a nadie le importaban.

Facturó su maleta, que contenía poco más que su escasa ropa de invierno y un sencillo neceser. En su equipaje de mano llevaba sus documentos, el dinero de Oliver y un cuaderno azul cielo con una estilográfica a juego, regalo de sus sobrinos recién conocidos. Estaba en blanco a excepción de cinco grandes letras que alguien había escrito en la primera página.

MAZAL

No sabía qué significaba esa palabra, ya se preocuparía por averiguarlo. En los minutos que faltaban para embarcar le urgía tomar nota de algunas cosas que había aprendido los últimos días. En la escuela siempre le habían dicho que tenía un don especial para redactar y sintetizar ideas. Y ahora tenía algo sobre lo que escribir.

Como si el reencuentro con Sarah y la breve sesión con el padre de ella hubieran cambiado las reglas del juego, a partir de ese punto su vida parecía haber descarrilado. Faltaba ver si sería para bien.

Con la sensación de haber despertado de un largo sueño, en esa nueva vida Saúl quería absorber cada enseñanza e inspiración del camino. Para ese propósito, en la segunda hoja del cuaderno empezó a anotar las enseñanzas de aquella semana insólita que culminaría con su viaje a la vieja Europa.

1
Deja de juzgar

El mal hábito de criticar y presuponer cosas nos hace llegar a conclusiones equivocadas. Al creer que sabemos lo que no sabemos, como cuando emitimos nuestra opinión sobre alguien, estrechamos nuestra visión del mundo y cerramos puertas a nuevas oportunidades.

2
Haz consciente lo inconsciente

Según C.G. Jung, hasta que no hagas eso serás controlado por lo que tú no puedes controlar «y lo llamarás destino». Preguntarnos por qué hacemos lo que hacemos, de dónde vienen nuestros deseos, por qué repetimos ciertas equivocaciones… equivale a encender la luz en una habitación en la que estabas a oscuras tropezando con los muebles.

3
Si buscas a alguien a quien culpar, mírate al espejo

Los filósofos estoicos ya advertían que solo podemos ocuparnos de lo que depende de nosotros. No puedes cambiar a nadie, pero puedes cambiarte a ti mismo. Cuando dejamos de poner como excusa a los enemigos y a las circunstancias adversas, entendemos que el trabajo empieza y acaba dentro de uno mismo.

4
Ten una visión a largo plazo

Lo que se puede obtener de modo instantáneo pierde su valor con la misma rapidez. Los grandes planes precisan de cocción lenta, sin acelerar los tiempos ni precipitarnos. Para no morderte las uñas de impaciencia, simplemente disfruta del camino.

5
Confía

Eso también se aprende. Es fácil desconfiar —de los demás y de uno mismo— pero practicar la virtud opuesta es lo que marca la diferencia. Solo quien aspire a algo mejor podrá encontrarlo.

Kazimierz
(Cracovia)

11

Hotel Rubinstein

Mientras cruzaba el aeropuerto Juan Pablo II en dirección a la salida, Saúl sintió una inexplicable sensación de ligereza. El vuelo había durado más de once horas, incluyendo la escala en Frankfurt, y no había dormido un solo segundo.

Sin embargo, al poner pie en Cracovia, el cansancio se había esfumado y se sentía extrañamente despejado.

Cambió algo de dinero en la terminal de llegadas y fue a la cola de los taxis. Había oscurecido, pero las luces del aeropuerto iluminaban la lenta caída de los copos de nieve.

Dio la dirección del hotel al conductor y este arrancó sin hacer más comentarios. Saúl agradeció que no le diera conversación. Prefería contemplar los edificios y los carteles que no comprendía mientras se entregaba a sus reflexiones.

Quizá la ligereza que ahora sentía, tras mucho tiempo en tensión, se debía a encontrarse lejos de los escenarios donde había arruinado su vida. Allí, en el viejo continente, podía empezar una existencia nueva sin el lastre del pasado. A fin de cuentas, pensó, allí nadie le conocía.

Ni siquiera la enigmática Madame Kohan, que tenía un misterioso trabajo para él. Solo sabía que ella estaba avisada de su llegada y del lugar donde se alojaba. En algún momento iría a su encuentro.

La nevada se intensificó al entrar en el casco viejo de Cracovia. Desde el taxi, Saúl contempló fascinado una enorme basílica con dos torres —una más alta que la otra— en medio de una plaza con un mercado en el centro.

Todos los edificios parecían tener cinco siglos o más, algo que para un norteamericano era motivo de asombro.

—Esto es el Kazimierz —dijo el taxista mientras entraban en una parte más oscura de la ciudad—. Aquí vivió Roman Polanski en lo que se conocía como el gueto de Cracovia.

Saúl recordaba haber visto de este director la película *El pianista*. Ahora se preguntaba hasta qué punto sería autobiográfica. El protagonista, interpretado por Adrien Brody, vivía escondido para evitar la deportación, afrontando el hambre, el frío y toda clase de peligros.

El taxi entró en una plaza alargada, rodeada de edificios antiguos bien conservados, y se detuvo en el Hotel Rubinstein.

Tras pagar la carrera, Saúl arrastró su equipaje hasta una pequeña recepción. Detrás del mostrador, un joven con cara de sueño tomó sus datos y le entregó la llave de su habitación, en el último piso.

Al tomar el ascensor de cristal, sintió que toda la fatiga le venía de golpe.

Entró en su habitación, pulcra pero de reducido tamaño, y se dejó caer sobre la cama sin ni siquiera descalzarse. Desde la ventana, podía contemplar la romántica estampa de la nieve cayendo sobre las buhardillas del edificio que quedaba al frente.

Sobre la mesita de noche, a su lado, vio un librito de color morado. ¿Se lo habría dejado alguien? Tenía el siguiente título:

EL LIBRO DE LA SABIDURÍA
—cuentos y proverbios de la tradición judía—

Saúl lo abrió por curiosidad y vio que, además de las escasas páginas que contenía el volumen, alguien había añadido tres cuartillas de papel dobladas con otros textos mecanografiados.

Sintió curiosidad por leer una de ellas, pero un sopor repentino le hizo desistir. Tuvo el tiempo justo de devolver el librito a la mesita antes de caer dormido.

12

Un psicólogo con consumición

Cuando Saúl se despertó, pasadas las nueve de la mañana, un sol espléndido lucía sobre el cielo azul. Saltó de la cama con energía y fue a darse una ducha. Veinte minutos más tarde estaba en la cafetería para tomar su primer desayuno en Europa.

Las pocas mesas que había estaban ocupadas, pese a faltar aún dos semanas para Navidad, cuando la ciudad se llenaba de turistas. Tuvo que sentarse en la barra, donde le atendió un camarero calvo con un poblado bigote. Le escrutó a través de unas gafas de montura dorada y, con un inglés con acento del este, le preguntó:

—¿Qué te sirvo, amigo?

Saúl ojeó la carta de desayunos y pidió un continental, un café doble y zumo de manzana.

Mientras una camarera rolliza se movía entre las mesas, el hombre del bigote parecía estar solo pendiente de Saúl. Apoyando los codos sobre la barra reluciente, le preguntó:

—¿Primera vez en Cracovia?

—Así es.

—¿Turismo? ¿Negocios?

—Ni una cosa ni otra —dijo Saúl.

—¿Tiene familiares en la ciudad, acaso? —le preguntó mientras le servía el café y le ponía el plato y los cubiertos con gran precisión.

—Tampoco —replicó, abrumado por aquel interrogatorio—. Me resulta difícil explicar lo que hago aquí, porque ni yo mismo lo sé.

—Eso es bueno.

—¿Qué tiene eso de bueno?

—Francis Bacon lo explicaba así: Si comienzas con certezas, terminarás dudando, mientras que si empiezas con dudas es más fácil que llegues a la certeza.

A Saúl le gustó la frase, aunque no dejaba de chocarle que aquel empleado le tratara con tanta familiaridad. A fin de cuentas, acababan de conocerse. Decidió tratarle de la misma manera.

—Creo que, además de camarero, eres filósofo.

—Gracias por el cumplido —dijo, contento—, pero creo que soy más bien un psicólogo con consumición. Hay una canción que habla de eso. El cliente paga su desayuno, la cerveza o lo que esté tomando… y yo le escucho. Si me das permiso, puedo incluso rebatirte. Por cierto, me llamo Józef.

Saúl le dio la mano a la vez que se presentaba.

—No creas que le hablo así a todo el mundo —siguió, dicharachero—. Me atrevo a tutearte, en lugar de tratarte de señor, porque he entendido que estás solo.

El descaro del camarero podía resultar irritante, pero Saúl se dijo que había algo profundamente amable en él. Tal vez por eso, le respondió con sinceridad:

—En efecto, estoy solo.

—Ya no.

Saúl miró a lado y lado, por si entraba alguien. No había llegado nadie más, aparte de las familias que desayunaban con un contenido rumor de conversación.

—Yo también estaba solo antes de que llegaras, amigo —siguió Józef—, pero ahora somos dos. Cuando hay voluntad de conectar, la soledad tiene una matemática distinta al resto: 1 persona sola + 1 persona sola = 0 soledades. ¿No es mágico?

—No te darán el Nobel por esta fórmula —bromeó Saúl—, eso ya lo sabes, ¿verdad?

Józef le guiñó el ojo y fue a atender nuevos pedidos en la cafetera, mientras él se centraba en el desayuno continental. Después de mordisquear un croissant, cubrió una rebanada de queso fresco y salami mientras le preguntaba:

—¿Por qué eres camarero si lo que te gusta es filosofar?

—¿Qué hay de malo en ser camarero? —replicó Józef—. ¿Te parece un trabajo demasiado humilde?

—Yo no he dicho eso —se defendió—. De hecho, antes de saber que vendría aquí estuve a punto de ser contratado como cocinero de perritos calientes, y a mucha honra. De no haber ardido el restaurante, no estaría ahora hablando contigo, *amigo*.

El camarero sonrió al escuchar esta palabra. Luego entregó dos cafés con leche en la barra, junto con una taza de cacao.

—Desde que trabajo aquí he aprendido algo muy importante: no hay tareas pequeñas, sino personas pequeñas. Te pondré un ejemplo... Si yo me propongo llegar a ser el director de este hotel, lo cual no es el caso, pero descuido a los clientes del bar y no les doy cariño, tampoco llegaré nunca a ser un buen director. Lo grande se construye desde lo pequeño. Cada acto, cada palabra, cada pensamiento cuenta.

—Supongo que tienes razón… —dijo Saúl antes de terminar la última tostada—. Por cierto, Józef, imagino que desde detrás de la barra ves a muchas personas.

—Así es.

—Entonces, quizás conozcas a Madame Kohan.

—Podría ser.

—No me hables en condicional, amigo. ¿La conoces o no la conoces?

Los ojos de Józef brillaron detrás de las gafas de montura dorada.

—Ni siquiera me conozco a mí mismo… Sería arrogante pensar que conozco a alguien otro, ¿no te parece?

13

Más vale ser pobre que estar enterrado

Saúl salió a pasear, aprovechando que el día era frío pero despejado. El descanso nocturno y aquel desayuno con cháchara le habían calentado el alma, pero seguía inquieto por la total ignorancia que tenía sobre su trabajo en Cracovia. Ni siquiera sabía cómo contactar con su empleadora.

Oliver le había dicho que ella le encontraría a él, y eso le recordaba a un programa de ciencias ocultas que escuchaba de adolescente. En un monográfico sobre el diablo, un experto señaló que quien quiera adherirse a él no necesita buscarlo, porque será el diablo quien le encuentre.

En medio de estos pensamientos, tras caminar entre edificios vetustos —algunos abandonados— y parques con tumbas sin nombre, atravesó el portón que daba paso a una vieja librería.

El espacio era majestuoso, y los estantes y mesas estaban llenos de ensayos de autores judíos, biografías y libros de fotos, algunos de gran tamaño y cuidadosamente encuadernados. El precio debía de ser prohibitivo, se dijo Saúl, aunque aún no se había acostumbrado a calcular en eslotis, la moneda local.

Recordó que no tenía un céntimo que fuera suyo, por mucho que su primo hubiese intentado convencerlo de lo contrario.

Estaba allí de prestado con una misión incierta. Eso hizo que en esa amplia y algo lóbrega librería se sintiera miserable.

Mientras rastreaba lo alto de una estantería, sin embargo, descubrió encima una plancha con un viejo proverbio judío traducido a su lengua.

Más vale ser pobre que estar enterrado

Saúl tuvo que reconocer que aquella era una verdad inapelable. Por difícil que sea que un pobre se haga rico, quien está bajo tierra sí que no puede esperar cambio alguno, se dijo. Al menos, en el mundo de los vivos.

Solo por eso ya había que tener esperanza.

Paseó un par de horas más por las calles y callejones que rodeaban la plaza, escudriñando los cafés llenos de gente que hablaban, a la luz de las velas, con las caras muy juntas.

Le llamó la atención una tienda de antigüedades llamada Las Cosas Olvidadas. No se atrevió a entrar, pues temía que intentaran endosarle un caro objeto que no podría pagar, aunque lo cierto era que no se veía a nadie dentro.

Desde el escaparate se fijó en una variada colección de *menorás*, los candelabros judíos de siete brazos que, según la tradición, en la antigüedad habían iluminado el templo de Jerusalén. Encima de estas reliquias, le llamó la atención la imagen desgastada en un lienzo de una dama entrando en una habitación azul.

De regreso a la plaza, empezó a tener hambre, así que entró en un restaurante llamado Ariel. El techo formaba arcadas sobre las paredes verdes llenas de viejos cuadros que retrataban a los personajes más diversos: hombres con pipa, mujeres haciendo costura, cocheros.

Saúl se sentó bajo el cuadro de un rabino que, con expresión preocupada, contaba monedas en una mesa. Sonrió al recordar la frase que había leído en la librería.

Tras estudiar el menú, del que no le resultaba familiar ningún plato, pidió la sopa del día y un plato de *pierogi*, los ravioles polacos, rellenos de queso y patata.

Entre un bocado y el siguiente, iba llenando su libreta azul con una nueva lista de enseñanzas, frescas de aquella misma mañana.

14

Cosas que aprendí en Cracovia (I)

1

La duda es mejor que la certeza

Como decían los antiguos griegos,
no hay mayor ignorante que quien cree saber algo.
La certeza cierra puertas. La duda las abre. Por eso,
quien empieza dudando, valora más posibilidades
y puede acabar en la certeza.

2

No hay tareas pequeñas

Solo personas pequeñas. Hasta el mayor
de los edificios se construye ladrillo a ladrillo.
Cada pequeño acto, palabra o pensamiento puede ser
la semilla de algo grande.

3

Nadie conoce a nadie

Ni siquiera a uno mismo. Entre otras cosas, porque el ser humano es poliédrico y, además, cambia constantemente. Conocer y comprender es un proceso sin fin. Por eso, las personas de éxito siempre están aprendiendo.

4

La soledad es una elección personal

Porque si la sumas a otra soledad, ambas desaparecen. Esa es la fórmula de la amistad.

5

La pobreza no es el fin, la muerte sí

Mientras te quede una moneda para invertir con sabiduría, mientras te quede un día por vivir, el juego no ha terminado. Si crees que estás acabado, paséate por un cementerio.

Satisfecho por haber consignado cinco lecciones más en su primer día en Cracovia, volvió a la primera página del cuaderno.

MAZAL

Bien podía ser la caligrafía de Oliver, se dijo. Así como él era bueno en redacción, pero no tenía buena letra, la de su primo era limpia y elegante.

Le parecía curioso que aún no se hubiera dignado a averiguar el significado de esa palabra. Tal vez lo hiciera al volver al hotel, se dijo mientras contemplaba aquellas cinco letras con la fascinación que ejerce lo desconocido.

Pero no era el único que las miraba.

15
Mazal Tov

Un hombre de pequeña estatura y aspecto intelectual tenía la mirada puesta en la libreta. Estaba de pie, a un par de metros de la mesa, y llevaba unas gafas estrechas bajo el pelo gris.

—Disculpe mi atrevimiento —se presentó—, deduzco que usted viene de Estados Unidos.

—Es una deducción correcta —dijo Saúl mientras cerraba la libreta y, molesto, se preguntaba qué parte de su indumentaria le delataba.

—Yo soy húngaro. Mi nombre es György Tatár y uno de mis campos de estudio es el hebreo, si quiere que le hable de la palabra que tiene usted en ese cuaderno.

—Será un placer...

—Tomemos un par de vinos calientes para que fluyan las ideas —propuso el húngaro, haciendo una señal al camarero antes de sentarse con él.

Cinco minutos después aterrizaban sobre la mesa dos grandes copas de vino espeso y caliente con especias.

—Deduzco que viaja solo, como yo —dijo György—. Estudio los barrios judíos de Europa. Bueno, lo que queda de ellos. Si alguna vez viaja usted a Israel, una de las primeras expresiones que aprenderá es *Mazal Tov*, que suele traducirse como «buena suerte» —añadió, señalando el cuaderno.

—Entonces, ¿*Mazal* significa *suerte*? —preguntó Saúl.

—Sí, pero ojo, que las palabras hebreas están vivas. Por eso es bueno mirar a la historia. Si retrocedemos al hebreo medieval, *mazzāl* significa destino y, si vamos aún más atrás, en acadio, que era una lengua semítica que se hablaba en Mesopotamia, llegaremos a *manzaltu*, que quiere decir «posición de una estrella». ¿No es fascinante?

—Desde luego… —murmuró Saúl dando un primer trago al vino—. ¿Significa entonces que la suerte, el destino, está escrito en las estrellas?

—Oh, yo no diría tanto… pero, ciertamente, cuando alguien te dice «Mazal Tov» en realidad te desea que tengas buena estrella, cualquier cosa que eso signifique para ti. Lo fascinante es que, en hebreo talmúdico, a alguien pagano se le llamaba *akum*, una abreviación de una expresión más larga que designa a aquella persona que adora las estrellas y las constelaciones.

Tras esta pequeña clase de filología semítica, György brindó con su copa y le dio un buen tiento. Saúl estaba entusiasmado con aquel hilo que empezaban a tirar de la madeja, así que recapituló:

—Por lo tanto, el concepto de «suerte» es previo a la religión hebrea o a cualquiera de las otras monoteístas. Pertenece a quienes adoraban las estrellas y sabían ver en ellas el camino o el destino.

—Así es —repuso el profesor con una sonrisa.

—Quien conoce las estrellas, por lo tanto, conoce su destino. ¿Hay que dar la razón, entonces, a los astrólogos?

—No necesariamente. Quizás la propia estrella sea algo simbólico y no se refiera estrictamente al firmamento. Si nos ponemos místicos, podría ser una luz dentro de uno mismo que contiene toda la sabiduría. —Tras una breve pausa para pensar, el húngaro concluyó—: En todo caso, es curioso observar que esto ha trascendido la cultura judía. Se habla de «tener estrella», o incluso de gente que «nace con estrella».

—Sería triste e injusto que hubiera personas que nacen con buena suerte mientras que otras son desprovistas de ella, ¿no le parece? —dijo Saúl temiéndose ser uno de esos últimos.

—Yo no creo en esa clase de destino —repuso el profesor levantándose de la mesa—. Quiero creer que todos llevamos con nosotros esa estrella que nos guía. Lo que sucede es que algunos la tienen apagada.

—Habrá que aprender a encenderla, entonces.

—Eso estaría bien. —Y a modo de despedida, añadió—: Los vinos corren de mi cuenta. *¡Mazal Tov!*

16
Música klezmer

Tras aquel encuentro iluminador, Saúl dedicó las primeras horas de la tarde a conocer la ciudad medieval más allá del Kazimierz. Para ello, caminó por avenidas relativamente oscuras hasta llegar a la gigantesca Plaza del Mercado, rodeada de palacios y con la Lonja de Paños en el medio, un paso cubierto lleno de tiendas de recuerdos.

Entró en la descomunal Basílica de Santa María y luego rodeó la estatua del poeta romántico Adam Mickiewicz, en el centro de la plaza, para ir regresando lentamente hasta el barrio judío.

Al llegar al Hotel Rubinstein, estaba congelado. Se disponía ya a subir a su habitación para tomar una buena ducha, cuando el joven recepcionista le detuvo.

—Señor Rothman, olvidé decirle que, junto con su reserva de la habitación, tiene como cortesía una noche de música tradicional en el Klezmer-hois. Está aquí al lado y el espectáculo comenzará en breve.

Algo contrariado, Saúl no se atrevió a declinar la invitación, así que volvió a salir y fue en busca de lo que resultó ser una mansión con columnas, llena de mesas cubiertas de finos manteles blancos.

Estaba atestado, así que tuvo que consultar a la jefa de sala si había sitio para él. Tras preguntarle su nombre, consultó la lista y le condujo hasta una mesa al lado de los músicos, que eran cinco y estaban a punto de empezar.

Enseguida le sirvieron una botella de vino *kosher* y unos entremeses. Saúl ojeó rápidamente el folleto que había sobre la mesa para saber qué tipo de música estaba a punto de ser interpretada. Al parecer, era propia de los judíos del este de Europa que hablaban yiddish. En su origen, tocaban melodías alegres para bodas y otros festejos. Tras las guerras mundiales y el holocausto, el repertorio de las nuevas bandas de klezmer se reconstruyó a partir de grabaciones conservadas en los viejos discos de piedra.

El concierto empezó con energía y Saúl se dejó llevar por aquellas melodías entre vigorosas y nostálgicas, mientras daba pequeños sorbos a su vino *kosher*, que significa «apto» según la tradición religiosa hebrea.

Absorbido por aquel concierto a la luz de las velas, no fue hasta que la banda de klezmer hizo una pausa que Saúl se dio cuenta de que alguien se había sentado a su izquierda.

Una mujer rubia de profundos ojos azules le observaba con interés. A pesar de que tenía ya una edad, había algo indudablemente juvenil en la manera en la que sostenía su copa, como invitándole a un brindis, mientras le miraba con simpatía.

Saúl no tuvo duda de que le atravesaba una certeza, así que le dijo:

—Usted debe de ser Madame Kohan.

—Yo misma, para servirle —dijo ella en tono de broma—. ¿Estás disfrutando de la ciudad?

—Más de lo que debería —se atrevió a responder Saúl.

—Nunca se disfruta demasiado, muchacho. Mañana podrías estar muerto.

Él se quedó mudo ante esa observación, que tampoco podía contradecir. Finalmente, declaró:

—Quiero decir que he venido aquí a trabajar. Quizás también a aprender algo que no sé, según me ha dado a entender mi primo Oliver.

—Un gran chico con un talento inusual. Hizo un gran trabajo en Las Cosas Olvidadas.

—¿Se trata de eso? —casi exclamó Saúl—. ¿Trabajaré en la tienda de antigüedades?

—Eso me dijo Oliver, que venías para ayudarme —explicó complacida—. En los próximos días llegará un aluvión de turistas a pasar la Navidad a Cracovia. Tu misión será convencerles para que se lleven las piezas más valiosas de la tienda. Te llevarás una buena comisión por cada venta.

—No es necesario que...

—Sí, lo es —le cortó Madame Kohan—, puesto que no tienes sueldo. Yo cubro tu estancia en el Rubinstein y tus comidas allí. También alguna salida como esta. Pero solo recibirás el dinero que generes tú mismo.

Saúl resopló antes de reconocer:

—En ese caso, creo que no podré regresar nunca a Nueva York. Vine solo con billete de ida y me temo que soy un pésimo comercial.

—¿Qué te hace pensar eso? —preguntó ella con cierta sorpresa.

—Nunca he sabido vender nada. Ni siquiera a mí mismo.

—Eso es solo un prejuicio, Saúl.

—¿De verdad lo cree? ¿Se pueden tener prejuicios sobre uno mismo?

—Por supuesto. ¿Y sabes cómo se desmonta un prejuicio? —él negó con la cabeza, ella respondió—: Haciendo exactamente lo contrario de lo que te dicta tu prejuicio. Si crees que no estás en forma, entrénate para correr una maratón. Si tu prejuicio es que no puedes gustar a las mujeres, invita a cenar a la más bella e inteligente de la ciudad. Es muy probable que te diga que sí, aunque sea solo por curiosidad.

—Pero… ¡todo eso es una locura!

Saúl no pudo escuchar la respuesta de Madame Kohan, ya que la banda retomó el concierto con brío. Aquello le hizo olvidar por unos instantes el embrollo en el que ya se había metido.

17
La demostración del rabino

Tras despedirse de su nueva y excéntrica jefa, Saúl se apresuró a regresar al hotel. Por muy *kosher* que fuera, había bebido más vino del que debía y al día siguiente a las 10:30 se estrenaría como vendedor en Las Cosas Olvidadas.

Tras saludar fugazmente al recepcionista, enfiló el camino hacia el ascensor de cristal. Una vez en su habitación, abrió la ventana para airearla, se lavó los dientes y fue directo a la cama.

El aire helado había convertido la habitación en una nevera, así que se metió bajo las mantas.

Se había hecho tarde, pero Saúl albergaba serias dudas de que pudiera conciliar el sueño. Tenía los nervios del estudiante antes de un examen importante, y ciertamente era así.

Para tratar de relajarse, tomó *El libro de la sabiduría* de la mesita de noche y desplegó una de las cuartillas que estaban separadas de la antología de cuentos y proverbios judíos.

Durante un invierno particularmente gélido, el rabino de Lodz salía sin descanso, como era su costumbre, a pedir dinero para los necesitados de su comunidad.

Una noche, arrebujado en su abrigo y su chal, llamó a la puerta de un hombre muy acaudalado.

El sirviente, conmovido ante su figura en una

noche tan glacial, lo invitó a entrar y le ofreció una infusión caliente. Pero el rabino rehusó y le pidió ver al señor de la casa en la puerta.

El amo se acercó e insistió en la invitación, rogándole para que entrara y se acomodara junto a la chimenea. El rabino volvió a negarse y se excusó, aduciendo que sus zapatos mojados podían manchar los suelos de la mansión.

El rico anfitrión se enfrentaba a un dilema. No quería dejar de atender al rabino pero a través de la puerta abierta estaba entrando un viento helado. Al fin, tras un rato, suplicó:

—Rabino, no me importa si enfanga los suelos con sus botas, pero le ruego que entre porque... ¡me estoy congelando!

Aun así, el rabino siguió hablando de las viudas y los menesterosos de su comunidad, sin mostrar signos de prisa, mientras el amo de la casa tiritaba al borde de la congelación. Este insistió de nuevo:

—Rabino, se lo suplico, pídame todo lo que desee y yo se lo otorgaré, cualquier cosa que necesite, pero, a cambio, ¡solo le pido que entre de una vez!

Ante aquellas palabras, el rabino le hizo finalmente caso. Una vez dentro, solicitó leña para cincuenta casas necesitadas. El anfitrión aceptó de inmediato, pero no pudo dejar de preguntar:

—Rabino, si sabe que yo siempre asisto gustosamente a los pobres, ¿por qué se empeñó en tenerme ahí fuera todo ese rato?

El rabino le contestó entonces:

—Aunque conozco de sobra su generosidad, yo

deseaba que usted sintiera en sus propias carnes lo que los pobres padecen. Estoy convencido de que un pequeño rato pasando frío le ha hecho ver las cosas desde un punto de vista muy distinto que si hubiéramos mantenido esta charla al agradable calor del hogar.

18

No lo intentes

Aunque quedaba una mesa libre en la cafetería, Saúl prefirió sentarse en la barra, como la mañana anterior. Como buen profesional, Józef ni siquiera tuvo que preguntarle lo que deseaba. Le sirvió directamente un café doble y el desayuno continental.

Entró y salió varias veces de la cocina antes de apoyarse en la barra y mirar a su nuevo amigo, mientras se alisaba el bigote con un dedo.

—Ayer conocí a Madame Kohan —anunció Saúl para abrir la conversación—. Hoy empiezo a trabajar para ella en Las Cosas Olvidadas.

—Será todo un reto.

—¿Por qué lo dices? —preguntó preocupado.

—Esa tienda reúne objetos realmente únicos... Siempre que me paro a curiosear el escaparate, pienso que alguna de esas cosas tendrá un solo comprador en el mundo.

—Pues súmale la dificultad de que siempre he sido un negado para vender —añadió Saúl, cada vez más asustado.

—Eso es un prejuicio que tienes.

—Lo mismo me dijo Madame Kohan... —señaló Saúl, sorprendido—. Quizás sus enseñanzas han alcanzado esta barra.

—Quizás... —sonrió Józef divertido—. ¿Qué más te dijo?

—Me dijo también que mañana podría estar muerto.

—Así es —dijo el camarero mientras se ajustaba las gafas de montura dorada—. Cada noche es una pequeña muerte, porque tal vez no vuelvas a abrir los ojos. Y cada día es un pequeño renacimiento, un milagro en toda regla. Cuando te das cuenta de eso, hay cuestiones que adquieren gran importancia.

—¿Qué cuestiones? —preguntó Saúl antes de morder una tostada con mermelada de arándanos.

—Cada cual tiene las suyas... Imagina que este fuera el último día de tu vida. ¿Habría algo que desearías hacer sí o sí antes de irte de este mundo?

Tras pensarlo unos instantes, Saúl dijo con cierta vergüenza:

—Trataría de hacer las paces con mis padres, pero hace demasiados años que no tenemos comunicación...

—Razón de más para arreglarlo hoy mismo. No seas orgulloso, amigo, este podría ser tu último día. Lo bueno es que también supone tu primer día para hacer algo totalmente distinto, puesto que has resucitado tras tu pequeña muerte nocturna.

—Tienes razón, amigo, pero, aunque me acerque yo a ellos, no estoy seguro de obtener una respuesta positiva por su parte.

—¿Y quién puede estar seguro de nada? Cuando el silencio es tan prolongado, los corazones se acaban cerrando —dijo Józef—. Pero dicen los rabinos que la buena palabra es como una llave. No hay puerta que no pueda abrir.

—Voy a intentarlo.

—*Hazlo o no lo hagas, pero no lo intentes...* —recitó el camarero—. ¿Sabes quién dijo eso?

—¿Otro rabino?

—No —rio bajo el bigote—. Lo dijo Yoda, el pequeño maestro de *Star Wars*.

19

Las Cosas Olvidadas

Aprovechando que aún no había llegado ningún cliente, Madame Kohan le hizo un tour por toda la tienda, deteniéndose en los artículos más valiosos y su origen.

—Al igual que las personas, cada antigüedad tiene su historia. Depende de cómo la cuentes, el cliente se enamorará del objeto o lo verá con indiferencia. Con el tiempo, te irás haciendo amigo de todo lo que hay aquí… aunque en el catálogo tienes una descripción de cada artículo.

—¿Por qué se llama esta tienda Las Cosas Olvidadas? —quiso saber Saúl.

—Buena pregunta, querido —ella sonrió con cierta intriga, como si estuviese a punto de revelar un secreto—. Todo lo que hay aquí son cosas de las que nadie querría deshacerse. Por lo tanto, sus anteriores dueños solo pueden haberlas olvidado, tal vez en la prisa de una mudanza.

Explicado esto, Madame Kohan desapareció en la trastienda y regresó con un paquete plano envuelto en papel de seda.

—He comprado un par de prendas para ti.

—Gracias… —murmuró Saúl—, pero no es necesario, puedo arreglarme con la ropa que tengo..

—Ya, pero seguro que no es tan bonita como esta.

Sorprendido, abrió con cuidado el paquete y sacó de él un fino jersey negro y un fular color burdeos.

—Ve a probártelo —le instó ella—. Así sabremos si he acertado con la talla.

Sin atreverse a contradecirla, Saúl pasó a cambiarse a un baño muy pulcro, con dos potentes focos frente al espejo. Se quitó el forro polar para enfundarse aquella prenda ligera y cálida.

Aunque no parecía para él, lo cierto era que le encajaba como un guante. Completó su atuendo con el fular, que le acababa de dar un aire de *bobo*, como a veces se llama a los *bohemian bourgeois*. Se dijo que, más que un dependiente de una tienda de antigüedades, parecía un joven rico y despreocupado.

Al salir del baño con su nueva indumentaria, la mujer esbozó una amplia sonrisa.

—¡Te sienta divino! Esto te ayudará a cerrar más ventas, ya verás.

—¿Está usted segura, Madame?

—En privado puedes llamarme Sylvia. Y estoy completamente segura, querido, porque lo he comprobado muchas veces. Del mismo modo que nadie entraría en una tienda con escaparates aburridos y llenos de polvo, el aspecto exterior es una carta de presentación que atrae o aleja a la gente.

Saúl reflexionó un instante sobre cuál había sido su relación con la ropa y lo definió con una palabra: indiferencia. Trataba de ir aseado, pero no se fijaba demasiado en lo que se ponía.

—Hace unos meses conocí a un joven realizador muy brillante —explicó Sylvia—, que intentaba vender sus servicios a todas las tiendas de Cracovia de cierto nivel. Su trabajo es hacer videos promocionales para que sus clientes los cuelguen en sus redes. Vi algunos y eran realmente buenos, pero me contó que le costaba encontrar clientes que no quisieran pagarle una miseria.

Yo le dije que si quería saber por qué le pasaba eso, solo tenía que mirarse al espejo.

—¿Y qué aspecto tenía?

—Muy desaliñado. Llevaba el pelo largo y despeinado, algo que solo te puedes permitir si eres un adonis. El *outfit* se completaba con camisetas descoloridas de manga larga, pantalones de pana y botas gastadas. Transmitía pobreza, y sus clientes le veían de ese mismo modo. Por eso no querían pagarle lo que merecía. Yo le propuse un trato: me ocuparía de cambiar su guardarropa y él, a cambio, me haría un pequeño video de Las Cosas Olvidadas. Aceptó.

—¿Y cómo le va ahora?

—Mucho mejor, te lo puedo asegurar —dijo Sylvia, contenta—. Ha encontrado clientes de mayor nivel, que no ven problema en pagar lo que pide. En esto opera la ley de la atracción. La gente se acerca a quien quiere parecerse. La abundancia atrae abundancia. ¿Sabes cómo logró David Bowie hacerse famoso?

Saúl negó con la cabeza. Bowie había sido siempre uno de sus artistas favoritos, en especial el disco de *Ziggy Stardust*. Ciertamente, más allá de su talento, este artista daba mucha importancia al envoltorio, ya que sorprendía constantemente con sus cambios de *look*.

—Después de alcanzar la fama con *Space Oddity*, porque la BBC puso la canción para retransmitir la llegada del hombre a la Luna, Bowie cayó en el olvido. Para volver al candelero, decidió contratar a una glamurosa fotógrafa para que le siguiera a todas partes. Cuando David salía de una tienda, la chica le disparaba una decena de flashes, con lo que se empezaba a formar un corrillo de gente curiosa alrededor. Pensaban que de ahí estaba saliendo alguien importante. A medida que repetía la jugada, en Londres empezó a ser visto como un famoso de verdad.

—Fíngelo hasta que lo consigas, reza el dicho —comentó Saúl.

—Sí, pero no es necesario que llegues a ese extremo, Saúl, porque tú no aspiras a ser el rey del glam ni nada parecido. Pero procura tener una imagen impecable, de acuerdo con aquello que quieras atraer.

Mientras charlaban, sin que hubiera entrado todavía ningún cliente, el vendedor en prácticas se plantó delante del cuadro despintado de la mujer y la habitación azul. Le había llamado la atención la primera vez que había pasado por la tienda, y le seguía fascinando. Aquella figura de blanco con rostro indefinido parecía fundirse con el azul de la estancia.

—¿Quién es ella?

—Lo dejo a tu imaginación —sonrió Madame Kohan—. ¿Tú quién quieres que sea?

Tras pensarlo un rato, al recordar las palabras del profesor húngaro, Saúl quiso marcarse un punto:

—Esta doncella evanescente me hace pensar en el significado antiguo de *Mazal*. Entra en esa habitación para recoger lo mejor de sí misma y encender su estrella.

—Lo que dices es bonito, pero además la palabra *Mazal* contiene tres claves ocultas. Me las reveló mi abuela Irit y explican por qué el pueblo judío ha prosperado en cualquier parte, incluso en el desierto.

La campanilla de la puerta puso fin a la conversación. Entró un hombre con barba larga y bastón. Tenía paso despistado, como si no supiera bien qué hacía allí.

—Seguiremos… —dijo Madame Kohan guiñándole un ojo—, ahora observa cómo guío a este cliente.

20

Cosas que aprendí en Cracovia (II)

1

Todo el mundo tiene estrella

Si no la ves brillar es porque quizás
se encuentra escondida muy dentro de ti.
En ese caso, debes buscarla y hallar el modo
de encenderla para que ilumine a los demás.

2

Desafía tus prejuicios sobre ti mismo

Cuando te descubras diciéndote que no puedes ser algo
o hacer algo, rebélate actuando en el sentido opuesto.
Cada vez que rompes tus límites mentales se ensancha
tu mundo de posibilidades.

3

Cada noche es una pequeña muerte

Es imposible saber si mañana abrirás los ojos, por eso no deberías dejar nada importante por hacer.

4

Cada mañana es un pequeño renacer

No importa lo que fuiste ayer.
Tampoco importa lo que hiciste o trataste de hacer en el pasado.
Lo importante es que has renacido, te ha sido dado un nuevo día.
La pregunta es: ¿qué clase de vida quieres llevar a partir de hoy?

5

No lo intentes, hazlo

Lo dice Yoda y también los grandes maestros del zen.
Quien solo «intenta» no tiene la convicción de hacer las cosas.
Y sin convicción vamos a tirar la toalla al primer revés.
Por eso es mucho mejor hacer que intentar.

6

Decide a quién quieres parecerte

No se trata de ser otra persona, sino de elegir entre todas las versiones de ti aquella que más te gusta.
Has de vestir, actuar y hablar desde esa identidad para atraer a personas con esa misma calidad.

21

El viaje de una carta

Era ya de noche cuando Saúl escribió aquel punto extra en su lista de enseñanzas. Después de pasar el día observando los movimientos y palabras de Madame Kohan, se había refugiado en un café a escribir.

Quería tomar nota de todas las enseñanzas que le estaba brindando Cracovia. Tenía la sensación de que había aprendido más allí en unos días que en media vida en Brooklyn. Mientras llenaba su taza de un té especiado, se dijo que todas aquellas lecciones serían estériles si no las llevaba a la práctica. Sin eso, jamás sucedería nada nuevo en su vida.

Como cada noche, llegaría la «pequeña muerte» del sueño, y había algo que debía hacer antes de morir.

Sin pensarlo más, entró en la aplicación de correo electrónico de su móvil y, por primera vez en una década, escribió un mensaje a su madre.

Querida mamá,

Sé que te sorprenderá recibir noticias mías después de tantísimo tiempo. También para mí es extraño contactar ahora, desde una ciudad de la vieja Europa en pleno invierno. De hecho, mientras escribo en el pequeño teclado de mi móvil, me pregunto por qué no lo he hecho hasta hoy.

A medida que las palabras llenan la pantalla, me doy cuenta de que he escrito esta carta mentalmente muchas veces. Ha tardado tanto en llegar, como los correos de Alejandro Magno, que atravesaban medio mundo desde la India hasta Grecia, no porque se necesite tanto tiempo, sino porque me ha llevado media eternidad en decidirme a hacerlo.

Hay decisiones que se toman en un instante y que cambian el resto de una vida.

Al revisar los motivos por los que nos peleamos antes de perder el contacto, cuando discutíamos sobre mis planes de futuro, sobre nuestra forma de hablarnos, sobre la política incluso —por el hecho de votar partidos distintos—, siento vergüenza de mí mismo.

Por muchas diferencias que haya habido entre nosotros, sois mis padres y yo soy vuestro hijo. Eso es lo único que cuenta.

Pese a ese largo silencio, sabed que pienso muy a menudo en vosotros y que os quiero. Ojalá podamos volver a hablar y, un día, darnos un abrazo para retomar la vida donde la dejamos.

Con todo mi amor,

Saúl

Tras releer varias veces el texto —no se le ocurría qué más decir—, dudó aún un rato antes de darle al botón de enviar.

Cuando al fin lo hizo, sintió que una pesada mochila había desaparecido de sus hombros.

22
M de Mazal

Saúl se dirigió a su segundo día de trabajo en Las Cosas Olvidadas con la lección aprendida. Antes de la conversación mañanera con Józef, eligió los pantalones más nuevos de su maleta y se lustró los zapatos. Hasta que no tuviera dinero para comprar más ropa, de momento usaría el jersey y el fular que le había regalado Madame Kohan.

Llegó quince minutos antes de la hora de apertura y la dueña lo celebró invitándole a tomar un té ruso de fuerte sabor ahumado. Camino de la tienda de antigüedades, Saúl había visto por la calle mucho más movimiento de turistas, así que aprovechó aquellos minutos libres para preguntar a su maestra —podía llamarla así— algo que le traía de cabeza desde la mañana anterior.

—La palabra *Mazal* transmite energía y abundancia —empezó él—, es decir, buena estrella. Desde que llegué aquí que pienso en cómo encender esa estrella que todos llevamos dentro, y tú me hablaste ayer de tres claves contenidas dentro de la misma palabra…

—Efectivamente, cuando le dices a alguien «Mazal Tov» le estás deseando que le pasen cosas buenas. Pero las cosas buenas no pasan solas, tienes que hacer tres cosas para que sucedan. Según mi abuela Irit, esas tres cosas están contenidas en la palabra *Mazal*. Hoy te enseñaré la primera.

—Adelante, por favor.

—Originalmente, en hebreo solo se escribían las consonantes. Por eso, hemos de fijarnos en las tres que forman la palabra *Mazal*. La primera es la M, *makom*, y según mi abuela su significado oculto es LUGAR. Para tener fortuna, hay que estar en el lugar oportuno.

—Comprendo... Supongo que las personas con buena estrella saben dónde suceden las cosas importantes, así es como cazan las oportunidades. ¿Es necesario tener información privilegiada?

—Depende de lo que entiendas por *información privilegiada*. —Sylvia sonrió—. Yo diría que se trata más bien de *saber mirar*. Puedes estar delante de un tesoro y no darte cuenta porque no estás viendo. Para descubrir el lugar oportuno, primero de todo hay que tener los ojos bien abiertos.

En ese momento, sonó la campanilla y entró una oronda familia de Oriente Medio. Por las joyas que llevaba el matrimonio, se veía a la legua que tenían mucho dinero para gastar.

Saúl estaba aún en prácticas, así que prestó mucha atención a lo que sucedía. Se trataba, sin duda, de una buena oportunidad.

La mujer se interesó por una caja labrada con incrustaciones de piedras semipreciosas. Madame Kohan le explicó el origen de aquel cofrecito, que databa de principios del siglo XX, así como del artesano que lo había elaborado y la casa de donde ella la había recuperado para la tienda. Solo después de todo eso le dijo el precio.

Dubitativa, la potencial clienta pidió ver otros dos objetos que le habían llamado la atención.

Mientras su jefa iniciaba las explicaciones pertinentes, la campanilla de la puerta volvió a sonar. Un joven desgarbado con sombrero y un largo abrigo raído fue directo a la sección de menorás. Se detuvo delante de la más antigua. La miraba desde todos los ángulos sin llegar a tocarla.

Aún inseguro, Saúl se acercó al nuevo cliente, que resultó ser británico.

—Soy nuevo aquí… pero puedo hablarte sobre las características de lo que te interese.

—Eres muy amable, pero ya las conozco —dijo en un tono suave y algo tímido—, incluido el precio. No podría pagarla ni con todo el dinero que llevo para mi viaje. Simplemente, quería observar esta menorá más de cerca… y tomarle una foto, si fuera posible. Soy estudiante de historia del arte, y me interesa mucho todo lo litúrgico.

Justo entonces, Madame Kohan despidió a la familia, que no había llegado a comprar nada, y se dirigió con paso ágil hacia el joven, al que dio la mano efusivamente.

Saúl le trasladó su deseo de fotografiar la menorá antigua y Sylvia no solo accedió a ello, sino que tomó el candelabro con un paño de algodón y lo llevó a un espacio más diáfano para que el joven pudiera sacar buenas fotos.

Debía de ser un estudiante abnegado, ya que hizo al menos una decena de tomas y formuló varias preguntas a Madame Kohan. Después de eso, se despidió con una leve reverencia, a la vez que se levantaba el sombrero, y salió de la tienda.

Cuando hubo girado ya la esquina, Saúl se atrevió a preguntar:

—Me resulta curioso… Has tratado con la misma cortesía a una familia muy rica que a un estudiante pobretón que no puede comprar nada.

—Por supuesto. Eso tiene que ver con la M de Mazal, querido. Nunca sabes cuál es el lugar o la persona que tiene el tesoro.

Por eso, la gente inteligente con sentido de la oportunidad trata a todo el mundo igual de bien. Alguien que ahora se encuentra en una posición humilde, mañana puede ser vital para tu negocio. —Fue a devolver la menorá a su lugar antes de continuar—. El chico que acaba de marcharse, en cinco o seis años puede dirigir una gran galería de Londres, especializada en arte hebraico, y ser nuestro mejor cliente.

Saúl acabó de limpiar la reliquia con el paño de algodón, a la vez que recapitulaba:

—Por lo tanto, el lugar o la persona oportuna no siempre es evidente. A veces lo es en potencia, y se lleva la recompensa quien es capaz de verlo antes que los demás.

—Tal cual —dijo ella, complacida—. Imagina que trabas amistad con el joven Picasso y te conviertes en su marchante antes de que triunfe como artista. Habrás encontrado un tesoro, aunque tengas que esperar un tiempo para obtener beneficios.

—A eso se llamaría tener olfato para los negocios —apuntó Saúl.

—Yo simplemente lo llamo labrarse un buen karma. Trata a todo el mundo bien, porque nunca sabes a quién vas a necesitar. En la Biblia, concretamente en *Hebreos*, hay una frase muy bella sobre eso. Viene a decir: No os olvidéis de la hospitalidad, pues hay quien ha estado en compañía de ángeles sin saberlo.

23

El Universo paga desde donde quiere

Querido Saúl:

Me ha costado mucho conseguir tu contacto, me ha dado tu correo electrónico una compañera que sigue en la agencia de publicidad donde nos conocimos. ¡Debe de ser la única persona que sigue allí después de tantos años!

El motivo de escribirte es que, tras coincidir delante de la consulta de mi padre, siento que fui descortés contigo, después de tanto tiempo sin vernos. Me propusiste tomar un café y salí corriendo con la excusa de la lluvia.

Mi padre me contó que estuviste con él. No me dio detalles de lo que hablasteis, porque eso es secreto profesional, pero me dijo que hace tiempo que lo estás pasando mal.

Te escribo para decirte que lo siento mucho y que, si está en mi mano ayudar, quizás puedo conseguirte una entrevista en algún departamento de mi actual empresa, por si surgiera alguna oportunidad.

Mientras tanto, muchos ánimos y te mando un abrazo,

Sarah

Eran las once de la noche cuando este correo dejó boquiabierto a Saúl, que sintió la necesidad de salir de la habitación. Borracho de felicidad, bajó en ascensor hasta la cafetería, donde Józef abrillantaba la barra con un paño.

—Imagino que está cerrado —comentó con los ojos brillantes—, pero necesito hablar con alguien.

—Los buenos amigos son como las estrellas. Siempre están ahí, aunque no los veas. ¿Nos tomamos un vino caliente? Ya he terminado el turno.

Saúl contuvo el deseo de abalanzarse sobre la barra para darle un abrazo. Al fin y al cabo, no hacía ni tres días que se conocían. Cuando los dos *mulled wines*, como lo llamaban en inglés, estuvieron servidos, Józef preguntó:

—¿Y bien? ¿Qué ha pasado?

—Muchas cosas —dijo sintiendo que el corazón le latía muy fuerte—. Después de mi conversación contigo escribí a mis padres, con quienes no me hablaba desde hacía años. Mi correo era cariñoso, o al menos conciliador, pero no he obtenido respuesta todavía. En cambio, me acaba de llegar un e-mail muy amable de una chica de quien estuve enamorado hace muchos años. No me había escrito nunca…

—Y tú sigues enamorado de ella —rio el camarero mientras hacía un brindis—, lo veo en tus ojos. Lo que acabas de vivir con esos correos no es un contrasentido. De hecho, tiene toda la lógica del mundo, mejor dicho, del Universo. Es una demostración de cómo funciona el amor universal.

—¿A qué te refieres?

—Por lo que me cuentas de tus padres, adivino que hasta hoy has vivido como una perla oculta dentro de su ostra. ¿Me equivoco?

—No, sigue…

—Quizás porque estás lejos de tu país, te atreves a hacer cosas diferentes. Y así es como has decidido tragarte el orgullo y volver a contactar con tus padres.

—Es posible.

—Ayer les escribiste, pero en lugar de contestar ellos te escribe un viejo amor platónico que creías haber perdido —siguió Józef con entusiasmo—. ¡Pues así es como funciona el Universo, amigo! Que tú entregues amabilidad o amor a una determinada persona, no implica que te venga de vuelta por el mismo camino. No suele suceder así. Tú haces un favor a un desconocido, por ejemplo, y te llega una buena noticia por otro lado. Eso es lo que sucede cuando te abres al amor: puede llegar de cualquier sitio.

—Pero no puede ser tan aleatorio… —dijo Saúl, pensativo.

—¡Solo lo parece! Al final, todo acaba teniendo sentido. En todo caso, nunca hay que dar esperando recibir algo a cambio de una determinada persona, sino porque te sientes bien haciéndolo. Resumiendo: amar es siempre una buena inversión, aunque el Universo te pagará desde donde quiera.

24
Ganarse la vida

El vino especiado y la buena conversación habían calentado aún más el ánimo de Saúl, que al llegar a su habitación lo primero que hizo fue responder al correo de Sarah.

«Quizás el Universo reparta de forma aleatoria, pero yo no», se dijo mientras empezaba a explicar a su antigua compañera de trabajo sus aventuras en Cracovia. Animado, se dijo que antes era un hombre sin argumento, pero empezaba a tener cosas que contar.

Releyó el correo hasta cuatro veces antes de enviarlo. Luego se tumbó en la cama como si acabara de correr una maratón.

En medio de aquella precipitada felicidad —a fin de cuentas, no había ganado ni un céntimo y el correo de Sarah podía ser simple compasión—, recordó el cuento del rabino que no quería cerrar la puerta.

Le había gustado aquella vía a la empatía, así que decidió cerrar la jornada leyendo otra de las cuartillas agregadas a la antología.

Un rabino se dirigía hacia la Casa de Estudio, cuando se fijó en un individuo que atravesaba la plaza del mercado a la carrera. Iba tan rápido que sus ropajes flameaban a sus espaldas, y se veía obligado a agarrarse el sombrero para no perderlo. Con la otra mano sujetaba una cartera algo raída.

Sorprendido, el rabino llamó a este hombre, quien se detuvo de inmediato y le saludó respetuosamente entre jadeos.

Le preguntó:

—¿Adónde te diriges con tantas prisas?

El hombre, algo molesto porque se estaba retrasando, le respondió con cierta aspereza:

—¿A qué te refieres, rabino? Debo procurarme el sustento y por eso corro tras él. Si no persigo las ocasiones que se producen frente a mí, no lograré alcanzar una vida exitosa.

El rabino cabeceó antes de decir:

—¿Y por qué presupones que esas ocasiones están frente a ti? ¿Y si se encuentran a tu lado, y corres junto a ellas? O, lo que sería peor, ¿y si están a tus espaldas y con tu carrera las estás dejando cada vez más atrás?

El hombre contemplaba poco convencido al rabino, que concluyó:

—Mira, mi buen amigo, no quiero decirte que dejes de ganarte el sustento. Solo quiero que entiendas que, si te obsesionas con correr tras el éxito en la vida, tal vez estés desperdiciando esa vida por no dejar de correr.

25
Z de Mazal

Una ventisca con polvo de nieve golpeó el rostro de Saúl mientras acudía a su trabajo con la misma antelación que el día anterior. Tenía la esperanza de tomar otro té ruso con Madame Kohan, Sylvia en la intimidad, para que le revelara la segunda llave de Mazal.

Mientras apretaba el paso para escapar del frío, pensó en el segundo cuento de rabinos. En otro tiempo y lugar, él había sido ese hombre que siempre corría pensando que el éxito se hallaba frente a él, huyendo delante de sus narices como un horizonte inalcanzable.

Al llegar a la tienda, Madame Kohan ya había preparado una mesa con la tetera caliente y las tazas, además de algunas galletas recién horneadas.

—Sabía que vendrías antes —dijo mientras se levantaba para darle un abrazo—. Vienes a buscar el secreto de la Z.

—En efecto, quiero seguir aprendiendo. ¿Qué significado oculto tiene?

Antes de contestar, la dueña de Las Cosas Olvidadas llenó las tazas con aquel té oscuro y ahumado. Tenía su origen en un accidente feliz de los mercaderes que transportaban el té en la ruta de la seda, al encender una hoguera para pasar la noche. Así fue cómo se ahumaron los primeros sacos de té.

Madame Kohan aspiró la infusión con los ojos entrecerrados y luego dijo:

—El significado oculto de Z, *zeman*, es TIEMPO. Para tener fortuna, hay que hacer las cosas en el tiempo oportuno. Ni antes ni después.

—Lo comprendo, pero ¿cómo saber cuándo es el *tiempo oportuno*?

—Nuevamente, prestando atención. Los maestros chinos trabajaban sobre esto mismo, y distinguían el tiempo de actuar del *wu wei*, que es el *no hacer*. Hay situaciones en las que no hacer nada es la mejor opción. Seguro que se te ocurre algún ejemplo.

Saúl pensó si era adecuado que se sincerase con su jefa, por muy extravagante que fuera, sobre los sueños de su corazón. A fin de cuentas, trabajaba para ella y hacía poco que se conocían. Los ojos azules de ella, que derramaban un idealismo sin límites, le invitaron a hacerlo:

—Hace muchos años, conocí a una chica que encarnaba todo lo que valoro en un ser humano. No te aburriré con los detalles, porque sería cursi, pero para el tema que nos ocupa, la Z de Mazal, te diré que nunca forcé los tiempos. Aunque me habría encantado expresarle lo que sentía por ella, las señales que me llegaban no eran propicias. Trabajábamos en la misma oficina y compartíamos pequeñas pausas en la máquina de café, pero ella se retiraba enseguida.

—Yo tenía una gata que era así —intervino Sylvia—. Era esquiva y solo de vez en cuando dejaba que la tocaras. Entonces te avisaba con un maullido. Yo le rascaba en el lomo justamente donde le gustaba, pero a los cinco segundos se marchaba. Si ibas detrás de ella, se escondía y perdías su confianza durante días. Solo quería esos momentos breves de intimidad. Te explico esta tontería para decirte que hiciste bien en no forzar las cosas. ¿Qué ha sido de esa chica?

—Bueno...Perdimos completamente el contacto, hasta ahora —empezó a explicar Saúl—. Tras un encuentro muy torpe por mi parte hace una semana, ayer ella me escribió. Es la primera vez que lo hace desde que nos conocemos.

—Ha llegado el *tiempo oportuno*, pues. ¡Estate atento a las señales!

La entrada en la tienda de una mujer oriental vestida de negro interrumpió la charla. Sin abandonar la mesa a la que estaba sentada, Madame Kohan hizo una señal a Saúl para que asumiera el reto. El tiempo oportuno también había llegado para él.

Se colocó bien el fular mientras se acercaba a la mujer, que parecía china, aunque hablaba un inglés impecable. Él dedujo que debía de ser de Singapur o de Hong Kong.

Su mirada perpleja circulaba en medio de la tienda, como si ella misma fuera una de las cosas olvidadas y ya no supiera qué hacía allí.

—¿En qué puedo ayudarla?

—No sé si puede ayudarme, joven —dijo con un tono decaído—. He entrado siguiendo un impulso... pero lo cierto es que sí necesito algo. El problema es que no sé qué es.

—Entonces, permítame que la ayude a descubrirlo. ¿Desea tomar una taza de té?

Madame Kohan, que no se había movido de sitio, aplaudió con la mirada aquella iniciativa.

—No, gracias, ya he tomado por la mañana y una segunda taza acabaría con mis nervios. Hace poco supe que mi hermano padece una enfermedad terminal. Quiero llevarle algo especial de Cracovia, pero no se me ocurre qué podría ser.

—Hábleme de su hermano —le animó Saúl—. ¿Qué le gusta en especial? ¿Hay algo que siempre quiso hacer y que…?

En este punto se detuvo, consciente de que había derrapado. Por suerte, se había parado justo antes de decir «que ya no podrá hacer». La mujer, sin embargo, parecía encantada con aquella conversación, ya que empezó a hablar como un torrente sin fin.

Le explicó que su hermano había vivido entre Hong Kong y Taiwán, como ella, pero que era un gran amante de Japón. Arquitecto de profesión, entre sus libros fetiche estaba *Elogio de la sombra* de Tanizaki.

Aunque solo conocía algunos fragmentos de esa obra, que habla de la importancia del espacio vacío en la estética japonesa, Saúl vio la luz de repente.

—Aquí hay algo muy especial que puede entusiasmar a su hermano.

—¿De verdad? —dijo la mujer, esperanzada.

Como toda respuesta, él la condujo hasta la pintura misteriosa de la dama blanca penetrando en la habitación azul.

—Dios… —susurró la clienta, impresionada—. Parece una de sus pinturas al pastel. Se va a enamorar de este lienzo.

Ese fue el momento elegido por Madame Kohan para entrar en escena con voz enérgica:

—Me temo que no podrá adquirir este lienzo. Forma parte de la colección privada de la tienda. Tiene más de cien años y la hizo un amigo de Odilon Redon. Se cuenta incluso que compartían taller juntos. De estar a la venta, el precio sería prohibitivo. Además, este lienzo precisa de una restauración.

Los ojos de la asiática se encendieron de indignación.

—No puede usted privarme de una obra que está expuesta en la tienda. Si no está a la venta, debería estar colgada en su casa. No pienso irme de aquí sin este cuadro.

Saúl no entendía qué estaba pasando, pero el instinto le dijo que se pusiera de lado de la clienta, así que dijo:

—Le pido que considere desprenderse de este cuadro, Madame Kohan. Esta doncella misteriosa que tanto nos gusta hará feliz a un hombre que está necesitado de alegrías.

La mujer oriental asintió mientras las lágrimas parecían pugnar por escaparse de sus párpados.

—Si me lo pides tú, no tengo más remedio que aceptar —resolvió mirando a Saúl—, pero antes informa a esta dama de su precio. Sería una compra más apropiada para un museo.

—Usted no conoce la casa de mi hermano, querida señora —concluyó la asiática—. Es como un museo.

La transacción se realizó en un silencio algo tenso, tras el cual Madame Kohan tomó las manos de la mujer y le deseó que el cuadro hiciera feliz a su hermano.

Cuando se hubo marchado, la dueña de Las Cosas Olvidadas aplaudió a su aprendiz y dijo:

—En esta situación han pasado dos cosas muy importantes que quiero que comprendas. ¿Te parece si lo hablamos esta noche delante de una buena cena? Esta vez, sin banda klezmer.

—Por supuesto.

26

Cosas que aprendí en Cracovia (III)

1

Para tener fortuna, hay que estar en el lugar oportuno

La ocasión de oro es para quien se mueve hacia el lugar idóneo y ve lo que los demás no están viendo.
Se trata de estar atento. Y no solo a lo que las cosas son ahora, sino a lo que podrían llegar a ser.

2

Trata bien a todo el mundo

Al rico y al pobre.
Al poderoso y a quien en apariencia es insignificante.
La gente de éxito sabe que todo enano
es un gigante en potencia.
Por si acaso, trátalo con cariño y dignidad,
ya que podría serte útil en el futuro.
Nunca sabes a quien vas a necesitar.

3
El Universo recompensa el karma a su manera

Dar para que te den es una manera muy pobre de amar.
El amor sigue extraños caminos, pero siempre viene de vuelta.
Entrega lo que tengas a quien lo necesite, sin esperar nada a cambio, y el universo se encargará de compensarte.

4
No corras hacia el éxito como un pollo sin cabeza

Igual lo pasas de largo.
Como en el cuento del rabino, quizás lo que buscas está ya a tu lado o viene justo detrás de ti.
Dado que no hay mayor éxito que disfrutar de lo que haces, deja de perseguir resultados.

5
Para tener fortuna, hay que estar en el momento oportuno

Ni antes ni después.
Si precipitas los acontecimientos, la ocasión se malogra.
Si dejas pasar el momento justo, pierdes la oportunidad.
Por eso hay que estar atento.

Cada vez que Saúl cerraba el cuaderno azul, se sorprendía de estar anotando tantas inspiraciones. Era como si en el Kazimierz, de donde solo había salido una vez para ir al centro, estuvieran comprimidas todas las lecciones que llevaba años necesitando aprender.

Pasó por la ducha antes de vestirse para la cena con Madame Kohan. Sobre la mesita de noche, al lado de *El libro de la sabiduría*, descansaba un sobre con su primer cheque. Le habían correspondido quinientos dólares de comisión por la venta del cuadro, que había perdido de vista no sin cierta pena.

Con eso podría pagarse como mínimo el billete de vuelta. Sin embargo, Saúl estaba convencido de que aquello era solo el principio.

27

La escasez crea valor

La cena tuvo lugar en una calle adyacente al centro neurálgico del Kazimierz. El local estaba decorado con carteles y productos de la época comunista, en un ejercicio de nostalgia kitsch.

Los sentaron en el extremo de una gran mesa compartida con un grupo de franceses. Fuera lo que fuera de lo hablaran, parecía que el vino se les había subido a la cabeza.

Tras pedir la sopa del día y dos clases de *pierogi* para compartir, Madame Kohan empezó a exponer las observaciones que le había prometido por la mañana.

—Algo que has hecho de forma natural, y que ha sido fundamental para la venta, ha sido interesarte sinceramente por lo que te contaba la dama asiática. Eso ha creado un lazo que ha generado todo lo demás.

—No ha sido fingido —reconoció Saúl—, ni una táctica de venta, soy profano en todo esto.

—Lo sé. De haber sido así, no habría funcionado. Dale Carnegie decía que se consigue mucho más interesándote de forma genuina por los demás que tratando que los demás se interesen por ti. Y un autor más contemporáneo, Álex Rovira, añadía que *los problemas de los demás son a menudo la mitad de tus soluciones.*

—Tomo nota de ello.

—No te hará falta —dijo ella catando un *pierogi* de queso y trufa—, porque te sale de forma espontánea.

Saúl bebió un poco de su zumo de frutos rojos. Ahora que había arrancado su misión, quería mantenerse lo más fresco posible para seguir vendiendo y aprendiendo. Por eso mismo, comentó:

—Esta mañana también te has referido a una segunda cosa importante que había sucedido. ¿Puedo saber cuál es?

—Quizá pienses que soy un poco mala por lo que voy a contarte, pero a veces hay que usar algún truco para culminar algo que será bueno para todos. —Hizo una pausa dramática para ver si su aprendiz la seguía antes de proseguir—: Tú has llevado a la clienta hacia ese cuadro, que yo sabía que era carísimo. No sé si sabes que Odilon Redon fue un gran pintor simbolista en Francia, y de hecho este cuadro me lo traje de París.

—¿Cómo lo conseguiste?

—Eso sería una larga historia —respondió con una sonrisa que ocultaba un pequeño mundo—. El caso es que yo sabía que, en cuanto esa mujer supiera el precio, se echaría atrás. Casi lo hubiera preferido, porque en medio del lío me he dado cuenta de que no quería venderlo.

—¿Por qué lo has permitido, entonces? —preguntó Saúl sin comprender.

—No quería frustrar tu primera venta… Y, por otra parte, he sentido que realmente deseaba llevarle ese cuadro a su hermano. Pero, volviendo a lo que te decía, el precio seguía siendo demasiado elevado para una compra espontánea. La mujer no sabía de este cuadro antes de entrar en la tienda y, por mucho dinero que tengas, hay un límite en lo que uno está dispuesto a gastar por un impulso. Eso lo he solucionado tratando de impedirle la compra.

Saúl escuchó esto último con franco asombro.

—¿No habías oído nunca eso de que la escasez crea valor? —siguió Madame Kohan—. Si yo te hubiera apoyado, tratando de convencerla de que el cuadro es una maravilla, se hubiera echado atrás. En el arte de la venta sucede como en el amor. Cuanto más insistes, más se retira el otro. Has de conseguir que tu cliente se convenza de que tiene el privilegio de llevarse algo difícil y muy valioso.

Saúl pensó en todo esto mientras iban terminando los platos. La ley que acababa de enunciar su jefa y maestra se había cumplido a rajatabla en lo que a asuntos del corazón se refiere. En el instituto, por ejemplo, bastaba con que expresara sus sentimientos a una chica para que esta se apartara. Si antes ella había mostrado por él algún interés, se enfriaba de repente ante su entrega.

—¿Será que despreciamos aquello que es fácil de conseguir? —preguntó Saúl a Madame Kohan, que esbozó una sonrisa melancólica antes de decir:

—Admito que yo era de las que huían despavoridas al recibir una carta de amor, aunque me gustara la persona en cuestión.

—¿Y eso por qué?

Ella caviló un rato mientras los franceses abandonaban ruidosamente aquella larga mesa compartida. Luego dijo:

—Te voy a responder con unos versos de Fernando de Pessoa, el gran poeta portugués del siglo XX:

No quiero rosas mientras haya rosas.
Las quiero cuando no las pueda haber.

¿Qué he de hacer con las cosas que puede
*cualquier mano coger?**

* Versión en castellano de Ángel Crespo.

28

La ley del misterio

Hacía una noche relativamente templada, así que, al salir de la taberna, decidieron dar un paseo bajo la luz de la luna.

Madame Kohan le contó que en el Kazimierz había siete sinagogas, y se detuvieron delante de la mayor de ellas. De estilo neomorisco, la llamada Sinagoga del Templo se erigía en la claridad lechosa y espectral como un palacio lleno de secretos.

La visión del edificio sagrado devolvió a su guía al tema que les había ocupado buena parte de la noche.

—Quizás los chicos que escriben declaraciones de amor fracasan porque dinamitan algo fundamental en la seducción, que es el misterio. Sucede como con la dama que quería llevarse el cuadro. Saber que tal vez no podría hacerse con él ha aumentado su deseo. En cambio, si hubiéramos puesto el precio en el escaparate, habría huido despavorida. Esta misma ley opera en el amor. —Rodearon el magno edificio mientras la luna se filtraba a través de los árboles desnudos—.Cuando aún no sabes si serás o no correspondida, cuanto menos conozcas del otro, mayor imaginas que es su valor. Si lo pones todo sobre la mesa, termina la magia. Hoy me decías que te ha escrito esta mujer que te gusta desde hace tiempo…

—Sí, pero su correo electrónico no me permite adivinar si tiene interés por mí. Ni siquiera sé si está o no en pareja.

—¡Claro! —exclamó Madame Kohan—. Volvemos al misterio. Tú nunca le has escrito y me contaste que, hace poco, te encontraste con ella de forma accidental en la calle, tras muchos años sin verla.

—Así es, pero fui de lo más torpe con ella.

—Da igual. Lo importante es que, después de tanto tiempo, esa mujer no sabe quién eres ahora ni si sigues sintiendo lo mismo por ella. Eso es lo que te hace interesante. Por eso te ha escrito.

Esta conclusión sorprendió a Saúl, que pese al frío no quería que aquel paseo iluminador terminara.

Al llegar a la calle Szeroka, rodeada de bellos edificios que le daban el aspecto de una plaza alargada, Sylvia explicó:

—Sophia Loren decía que el atractivo de una persona es un 50% lo que tienes, y un 50% lo que los demás creen que tienes. Y eso es aplicable a todo, también a los negocios. Tengo un amigo escritor en Barcelona que, cuando publica un libro nuevo, nunca comparte ningún fragmento del interior del libro en redes. Prefiere que los lectores lo imaginen mejor de lo que es. Y, de hecho, él me mostró con un ejemplo práctico una lección del arte de la venta.

—A ver...

Plantados delante del Hotel Rubinstein, Saúl estaba impaciente por conocer la anécdota.

—Este amigo antes fue editor, así que a veces va a la Feria del Libro de Frankfurt a contactar con editores, algunos de los cuales acaban comprando su último libro. Sin embargo, él nunca menciona que tiene una novedad. Invita al editor deseado a cenar y conduce la conversación hacia otros temas. A medida que avanza la velada, el editor se pone nervioso porque, contra lo que parecía previsible, el autor no le está ofreciendo ningún libro. Llega a plantearse si no lo habrá vendido ya a la competencia y la cena es pura cortesía. Hay un punto en el que el editor no puede contenerse más y dice: «Entonces, ¿no tienes un nuevo libro para mí?» Con eso consigue que el otro venga a él, y no a la inversa. Es lo que yo llamo venta por omisión.

—Parece una técnica de venta muy inusual.

—Inusual pero efectiva, porque opera mediante la ley del misterio. La estrategia contraria no surge el mismo efecto. Mi amigo de Barcelona me contaba que en una ocasión, su esposa, que es húngara, invitó a casa a una editora de ese país que estaba de vacaciones con su hija. En medio de la cena, ella le fue mostrando libros de su marido que no se habían traducido al húngaro, pero la editora puso toda clase de excusas y, de hecho, no se quiso llevar ninguno. ¿Entiendes por qué?

Antes de refugiarse en el hotel, Saúl recuperó el verso de Pessoa:

—*¿Qué he de hacer con las cosas que puede cualquier mano coger?*

—Veo que lo has entendido.

29

Las cartas

Querido Saúl:

No te imaginas el bien que nos ha hecho recibir tu correo. También nosotros hemos querido escribirte más de una vez durante todos estos años, pero creíamos que ya no querías tener contacto con nosotros. Al menos a mí me daba miedo molestar.

Es por eso que tus líneas han sido un bálsamo para nosotros.

Escribo yo en nombre de los dos porque tu padre está pasando por un tratamiento de quimioterapia. Todo indica que está respondiendo bien, pero tiene mucho dolor y está agotado.

Dentro de un mes habrá terminado y unos días después… Quizás lo recuerdes: el 30 de enero será su cumpleaños. Este año cumple 70.

Sé que vives lejos, ahora aún más si estás en Europa, pero si ese día puedes llamarle será el mejor regalo que recibirá.

Siempre con amor,

Tu madre

Con lágrimas en los ojos, Saúl se apresuró a responder que así sería, además de disculparse por estar ausente todo este tiempo. Preguntó si seguían viviendo en la misma dirección, en caso de que quisiera mandar algún regalo para el cumpleaños de su padre. Luego se despidió de forma afectuosa prometiendo volver a escribir.

Ya en la cama, con la luz apagada, releyó con emoción la carta de su madre. También la que había recibido de Sarah, que le hacía muchas preguntas sobre su vida en Cracovia y el trabajo en Las Cosas Olvidadas.

Por alguna inesperada magia, pese a la gran distancia geográfica que les separaba, Saúl sentía que estaba naciendo una pequeña amistad entre ambos. Algo que en otro tiempo solo habría podido soñar.

Más allá de lo que estaba aprendiendo en el arte de la venta, se preguntaba qué estaría cambiando dentro de él para que su panorama exterior fuera tan distinto. Recordó la máxima de Hermes Trismegisto: «Como es adentro, es afuera».

Saúl sentía que, tras media vida en guerra contra sí mismo, por fin estaba haciendo las paces. Y el hecho de haber retomado el contacto con sus padres le parecía ahora un éxito superior a todas las ventas del mundo.

30
L de Mazal

Tras aquella noche de revelaciones, el té volvía a estar listo para servir en Las Cosas Olvidadas, quince minutos antes de abrir puertas.

Vestido con sus mejores galas, Saúl se sentó a la mesa sintiéndose uno de los protagonistas de *Retorno a Brideshead*, una serie británica con Jeremy Irons que había sido la favorita de su madre.

Para no romper el protocolo, dejó que Madame Kohan vertiera el té negro ahumado en las tazas antes de decir:

—De los tres ingredientes para el éxito que te enseñó tu abuela, me falta conocer el tercero.

—En efecto, la L, *la'asot*, tiene como sentido oculto HACER. Por muy buenos planes que tengas, no habrá ningún cambio si no se acompaña de la *acción oportuna*, es decir, aquello que es necesario hacer ahora. De hecho, las personas que se consideran desafortunadas se quejan de que la suerte no les llega, como un mensajero que uno espera en la puerta de casa a que traiga buenas noticias.

—Creo que yo fui una de estas personas que esperaban al mensajero —reconoció Saúl—. Aunque ahora me resulta obvio, no era consciente de que las buenas nuevas las tenía que crear yo con mis acciones.

—Siempre es necesario hacer algo, por eso nunca hay que fiarse de la gente que ofrece ganancias fáciles sin esfuerzo. De hecho, la pregunta que te sacará siempre de la inmovilidad es *¿Qué hay que hacer ahora?*

—¿Y si no lo sabes? —preguntó Saúl—. ¿Y si en algún momento te sientes tan perdido que no tienes ni idea de qué hacer?

—Entonces, tu tarea es *descubrir* qué puedes hacer ahora. Eso es ya una misión en sí misma.

31

Cosas que aprendí en Cracovia (IV)

1

El problema de otro puede ser tu solución

Cuando nos interesamos sinceramente por los demás
se abren oportunidades inesperadas.
Muchos grandes descubrimientos y negocios tienen
su origen en una necesidad ajena.

2

La escasez crea valor

Hay dos formas de afrontar la venta:
o vendes por volumen o por calidad.
La persona que apenas se deja ver adquiere más valor
que aquella omnipresente.
Lo que cuesta, vale.

3
El misterio es la llave de la seducción

Lo que no conocemos de una historia es lo que
nos impulsa a seguir leyéndola.
Mostrar demasiado mata la curiosidad y la fascinación
que produce el misterio.
En los negocios y en el amor es mejor no saberlo todo.

4
¿Qué hay que hacer ahora?

Esta es la pregunta más importante del mundo, ya que
nos saca de la pasividad y nos vuelve proactivos.
Incluso bajo riesgo de equivocarte, siempre es mejor
tomar la iniciativa.

32

Los caminos abiertos

Con las vacaciones de Navidad, el flujo de viajeros que se acercaban al Kazimierz se multiplicó por diez. Tras lograr su primer éxito con el cuadro de la mujer en la habitación azul, las ventas de Saúl fueron cada vez mayores. No había mañana en la que no cerrara media docena de ventas, y había tardes que superaba ese hito.

Tal como había aprendido de Madame Kohan, ningún cliente le parecía pequeño o insignificante. Incluso cuando apreciaba claramente que se trataba solo de la visita de un curioso, no dejaba de explicarle los secretos de cada objeto para que al menos se llevara su historia.

Cuanto más trataba con la gente, mayor era su deseo de conocer a todo tipo de personalidades. Se interesaba por el trabajo de los programadores, de los banqueros o de los analistas de datos, por el aburrimiento de los jubilados que no sabían cómo llenar sus horas, por los sueños de los universitarios y de los aspirantes a escritores.

Un mediodía que había cesado la afluencia de turistas, mantuvo una larga conversación con un joven italiano que trabajaba sustituyendo farolas en su comarca. Le explicó que los perros, al hacer sus necesidades, iban corroyendo la base y su tarea era remplazar la farola antes de que cayera como un árbol serrado, provocando una desgracia.

El farolero adquirió para su suegra, que coleccionaba artículos de cristal, un valioso juego de copas de los años treinta.

A finales de la tercera semana de enero, las nevadas se intensificaron, llevándose con ellas a los pocos viajeros que quedaban en el Kazimierz después de la temporada navideña. Fue tomando el té de la mañana, un ritual que habían mantenido todos los días, cuando Saúl se decidió a confesarle a Madame Kohan lo que hacía días que rondaba por su cabeza.

—Hoy hace cinco semanas que empecé a trabajar contigo y, gracias a lo que me has enseñado, he ganado más en comisiones que todo lo que ingresé el año pasado. Tengo suficiente para pagar mis deudas e iniciar una nueva vida, si soy prudente con los gastos y no me duermo en los laureles.

—¿No te gustaría quedarte un poco más? —preguntó ella, apenada—. A partir de febrero, los fines de semana volverá a haber mucho movimiento por aquí. Puedes seguir ganando dinero y ahorrar una buena cantidad.

—La verdad es que me encanta la vida aquí —dijo Saúl tomándole la mano a Sylvia—, no recuerdo haber sido tan feliz desde que era pequeño, pero he estado pensando en la L de Mazal. Cuando me pregunto *Qué hay que hacer ahora*, sé que hay asuntos que debo arreglar al otro lado del charco. Tengo que marcharme, aunque me encantaría quedarme mucho más.

—Quizás, cuando hayas hecho lo que debes hacer en Nueva York, puedas volver en marzo o abril. Cracovia está preciosa en primavera.

—Quizás… —repitió él—. Por primera vez en mi vida, siento que todos los caminos están abiertos.

33
Encender tu estrella

Esta vez sería Saúl quien invitaba a cenar. Escogió el restaurante Ariel, donde había tenido aquella iluminadora conversación con el profesor húngaro. Quizás su invitada podría explicarle, además, quiénes eran algunos de aquellos personajes inmortalizados en los cuadros.

Antes de su cita, pasó por el hotel para hacer el *check in* de su vuelo a Newark, que salía a la mañana siguiente. Eligió asientos de ventana en la fila de la salida de emergencia para poder estirar las piernas, la *Business Class* de los pobres.

Dejó también preparado el equipaje, que se había ampliado con una pequeña maleta destinada a los regalos. Tras mirarse en el espejo y sentirse satisfecho con su aspecto, bajó a la calle Szeroka.

Sylvia ya estaba allí cuando llegó. Curiosamente, o no, les habían dado la mesa bajo el cuadro del rabino que contaba monedas.

—¿Sabes quién es? —preguntó Saúl tras saludarla con dos besos.

—Ni idea, pero si necesita pasar cuentas con tanta gravedad es que no lo lleva tan bien.

Este era un tema que habían hablado más de una vez en sus tés de la mañana y otras pausas. El verdadero éxito, al menos en cuestiones financieras, es no tener que pensar en el dinero, le había dicho ella. Si te obsesionas con acumular, no eres ni libre ni próspero, porque entonces trabajas para el dinero.

Mientras pedían un buen vino de despedida y algunos platos, Saúl se preguntó si lograría alguna vez no tener que pensar en el dinero, vivir cómodamente sin tener que preocuparse por las cuentas, como el rabino del cuadro. Tampoco él se imaginaba estando pendiente de negocios e inversiones. Le bastaría con tener suficiente para llevar una existencia tranquila.

Simplemente quería vivir.

Madame Kohan le despertó de aquellas cavilaciones.

—Te encuentro muy pensativo esta noche.

—La verdad es que me produce cierto vértigo regresar a América. Tengo miedo de que todo esto haya sido un espejismo y reviva los problemas de antes.

—Eso no sucederá, querido —le tranquilizó Sylvia—. Porque la prosperidad no es un lugar o situación determinadas, sino una manera de estar y de pensar.

—Lo que dices me recuerda a una conversación que tuve aquí, nada más llegar, con un estudioso del hebreo. Él fue quien me dijo que el origen ancestral de *Mazal* es «estrella». Como Dios nos hizo a todos iguales, según la tradición, todo el mundo debería tener una estrella que le guíe en su interior. Lo que sucede es que muchos la tienen apagada.

—Hay que descubrir cómo encenderla, pues —apuntó Madame Kohan.

—¡Eso mismo le dije yo!

Siguieron charlando de otros temas. Ella estaba muy interesada en saber acerca de la vida actual de Oliver, que había trabajado casi un año en Las Cosas Olvidadas. También preguntó a Saúl por sus proyectos y sueños inmediatos. Él se daba cuenta de que, en la mente de Sylvia, las ilusiones ocupaban tanto espacio o más que las obligaciones del día.

Cuando llegó el postre, que era muy dulce y tenía un nombre impronunciable, quien había sido su maestra añadió:

—Es esencial que hayas comprendido que la estrella está dentro de ti, y no en un lugar del firmamento donde está escrito tu destino. Creo que ahí está la clave de todo.

Saúl fijó su mirada en los ojos azules, siempre despiertos, de Madame Kohan, que concluyó:

—El secreto de *Mazal* es comprender que la suerte no viene de arriba, sino que depende de tu esfuerzo en tres coordenadas: *elegir el lugar oportuno y el momento oportuno para hacer la acción oportuna*. Si te haces responsable de tu fortuna, sabrás estar en tu lugar, ni antes ni después, dando todo de ti para que Mazal se manifieste. Así es como se enciende tu estrella.

34
La vida es la gente

A las siete de la mañana, Saúl ya bajaba por el ascensor de cristal. Entregó la llave y dejó sus maletas en recepción, tras comprobar que tenía todo lo necesario para el viaje. Un taxi le llevaría al aeropuerto al cabo de media hora.

Con el fin de la temporada, la cafetería estaba desierta a excepción del camarero del bigote, que le saludó cariñosamente.

—Así que nos dejas... —dijo mientras le servía el café doble.

—Solo por un tiempo. Cuando haya puesto en orden mis cosas al otro lado del charco, volveré para visitar a los amigos.

Pronunció esa última palabra con toda la intención. Tras cinco semanas de conversaciones diarias, ya podía considerarlo su amigo. Mientras le servía el desayuno continental, Józef le sorprendió con la pregunta:

—¿Y qué te llevas a Brooklyn?

—Pues... Una vez pagado el pasaje, algunos regalos y otros gastos, creo que me quedará suficiente para cubrir deudas y vivir un par de meses como mucho.

—Eso es vivir a salto de mata, amigo, pero me refería a otra cosa. El dinero desaparece, eso lo sabemos todos. Un día escuché a un niño que se llamaba Gael decir: «Mamá, el dinero es viajero». Creo que lo definió muy bien, porque pasa de unas manos a otras constantemente. Solo se queda acumulando polvo si eres un miserable.

Saúl dio un sorbo al café y untó un croissant con mermelada de naranja amarga, mientras el camarero seguía hablando:

—El dinero cambia de manos todo el tiempo, pero otras cosas no. Eso es lo que te llevas verdaderamente de un lugar.

—¿Te refieres a la gente?

—Sí, como decía un viejo músico, la vida es la gente. ¿Te has parado a pensar cuáles son los verdaderos recuerdos de un viaje?

—La verdad es que no había viajado mucho hasta este invierno —reconoció Saúl.

—Pues yo sí. Antes de tomar posesión de esta barra, era de los que no podían parar quietos. Trabajaba para pagarme los billetes de tren en mis escapadas por toda Europa. ¿Y sabes una cosa? Casi no me acuerdo de ningún lugar que haya visitado. Si me hablas de Oslo, enseguida veo el cuadro de *El grito*, eso es cierto, pero solo han sobrevivido tres o cuatro imágenes más. Sin embargo, nunca olvidaré la juerga que me corrí en el albergue con un danés y dos amigas que le acompañaban. Puedo reproducir sus voces y muchas de las cosas que nos contamos aquella velada. Creo que te sucederá lo mismo cuando regreses a casa. La vida la hace la gente, amigo, el resto son solo los escenarios de la película.

Saúl meditó sobre esta reflexión. Aún no se había marchado, pero sabía que echaría de menos a aquel «psicólogo con consumición» que ahora se limpiaba las gafas.

En cuanto a lo que le había dicho de volver a «casa», él no tenía un lugar que pudiera llamar así, más allá de un refugio provisional en el apartamento de su primo. No obstante, si como decía Józef los lugares son solo escenarios cambiantes, el nuevo Saúl podía encontrar su hogar en cualquier parte.

—Cuando un comercial o un periodista deja su puesto —prosiguió el camarero—, por poner dos ejemplos, su verdadera riqueza es su agenda. No te la dará por nada del mundo, porque tu gente es el patrimonio más valioso que tienes. Por eso hay que cuidarla. Según el bien que hayas hecho, sabrás cuántos te cogerán el teléfono cuando estés en apuros.

—Espero saber cuidarte desde la distancia, Józef —dijo Saúl viendo que era hora de marcharse—. Te aseguro que voy a recordar muchas cosas de las que hemos hablado.

—Ojalá las recuerdes todas —replicó burlón—, yo no pienso olvidarlas. Venimos al mundo a aprender. ¡A ver si pasamos curso!

35
En el cielo

El Boeing 747 atravesaba un mar de nubes que parecían levitar sobre el cielo azul. Tras dormir durante el corto trayecto hacia Frankfurt, en el vuelo intercontinental Saúl no podía dejar de mirar el cielo.

Reflexionando sobre las palabras de Józef, se preguntaba qué postales mentales le quedarían de la vieja Cracovia. De lo que estaba seguro era de que no olvidaría todo lo aprendido en aquellas cinco semanas.

Una vez más, decidió abrir una nueva página para consignar las últimas dos inspiraciones. Bajo el titular «Cosas que aprendí en Cracovia (V)» escribió:

1
Lo mejor del dinero es no tener que pensar en él

Si vives para vigilar tus ingresos, para moverlos
y multiplicarlos, estás trabajando para algo que no eres tú.
La verdadera libertad es vivir sin necesitar más
de lo que tienes.
Esta es la mentalidad realmente próspera.

2
Tu gente es tu mayor activo

Las personas que te cogerán el teléfono o que te devolverán la llamada cuando estés en problemas son tu verdadero tesoro.
Por eso hay que cuidar de ellas.
Alguien que tiene muchos amigos nunca puede ser pobre.

Al cerrar el cuaderno tras escribir esto último, recordó *Qué bello es vivir*. El personaje interpretado por James Stewart descubre, al encontrarse al borde del suicidio, que tiene un montón de gente dispuesta a ayudarle. Hasta ese momento no se había dado cuenta, porque siempre había sido él quien resolvía los problemas de los demás.

Quizás esa había sido una de las claves de su transformación, pensó Saúl. Hasta que Zoltan le prestó su paraguas y Oliver le acogió en su casa, raramente se había dejado ayudar.

Faltaban aún muchas horas para llegar, así que mientras sobrevolaba el océano salpicado de nubes, decidió leer la última cuartilla agregada a *El libro de la sabiduría*, que se había reservado para degustar con calma. Le serviría de recordatorio de su estancia en el Kazimierz, así como del valor de las cosas olvidadas.

Este cuento añadido por su misterioso lector tenía como protagonista, como no, a un rabino. Mejor dicho, a dos.

Durante una visita que un rabino hizo a su propio maestro, el rabino Dov Ber, el primero le pidió que le enseñara los diez principios de la vida espiritual, puesto que todavía no había tenido oportunidad de aprenderlos.

El rabino Dov Ber le contestó que él no era el más indicado para explicárselos, pero que, en cambio, iba a decirle quiénes eran aquellos de los que sí podría aprenderlos.

—¿A quiénes te refieres? —inquirió el otro rabino, muy intrigado.

—Puedes aprender los diez principios de la vida espiritual de los niños y los ladrones. —Y, ante el interés de su visitante, continuó—. Un niño te puede enseñar los tres primeros principios: sentir alegría sin motivo, ocupar el tiempo plenamente y expresar tus deseos al mundo. Y los ladrones pueden enseñarte los siete principios restantes: trabajar discretamente; reanudar a la siguiente noche cualquier tarea inconclusa de la noche anterior; apreciar a tus compañeros; arriesgar la vida en aras de una meta; estar dispuesto a apostar todas tus pertenencias por la más mínima ganancia; aceptar calamidades físicas e infortunios; y concentrarte en tu trabajo como si fuera lo único que existe.

Williamsburg
(Brooklyn)

36

Lo que no haces por ti

Demasiado cargado para tomar un tren o un autobús, Saúl subió a un taxi y dio la dirección de su único familiar en Brooklyn. Durante la larga hora de camino, trató de no escuchar la sucesión de malas noticias que escupía la radio al atardecer.

Aunque había avisado a Oliver dos días antes, no se imaginaba que le esperaba una recepción familiar al llegar a su ático de Williamsburg.

Nada más llamar, los niños corrieron a la puerta y se lanzaron a sus brazos. Saúl les entregó sus regalos e hizo lo propio con la esposa de su primo, que parecía también feliz de verle.

—Pareces un actor de cine —comentó Helen—. ¿Qué te han hecho?

Oliver rio mientras le invitaba a sentarse a la mesa. Era hora de cenar y había un menú de gala cocinado por el anfitrión.

—Quítate ese fular, primito —rio—. Ya no estás en Las Cosas Olvidadas.

—Tenemos que hablar de Madame Kohan —dijo Saúl—. Tengo mucha curiosidad por saber qué te enseñó y lo que hiciste en esa tienda…

—¡De eso hace mucho tiempo! Por aquel entonces, hacía solo un par de años que había abierto y funcionaba regular. Ella fue tan amable conmigo, literalmente me salvó la vida, que me esforcé en pensar nuevas maneras de potenciar su proyecto. Lo que no haces por ti, a veces lo haces por otro. Estuvimos casi un año levantando el negocio, y todo lo que aprendí lo apliqué luego a mi vida, además de traer un pequeño capital para invertir.

—Hablando de dinero…

Saúl deslizó sobre la mesa un sobre con la cantidad que había invertido en él su primo, menos los diez dólares del cine con su novia.

—Ni hablar —dijo Oliver, tajante—. Ya me lo darás cuando te establezcas. No creo que hayas venido con una fortuna, precisamente. Este dinero te será ahora mismo mucho más útil que a mí. ¿Recuerdas lo del *momento oportuno* para hacer las cosas? Pues este no lo es.

La cena avanzó entre anécdotas y planes de futuro que no podían ser más inconcretos, lo cual los hacía más emocionantes. Oliver llegó a sugerirle que tenía un trabajo para él, ahora que Madame Kohan le había iluminado.

Era la segunda vez en poco tiempo que le ofrecían ayuda en su nueva vida en América, mientras que antes encontraba todas las puertas cerradas. ¿Cómo podía haber cambiado tanto su situación?

—Valoro mucho tu ayuda, primito, y no dudes que volveré a recurrir a ti si estoy con el agua al cuello, pero antes quiero comprobar si soy capaz de valerme por mí mismo —explicó bajo la mirada atenta de los niños—. Allí donde vaya, quiero estar comprometido al cien por cien con lo que haga. Y antes hay tres asuntos que debo resolver.

—¿Qué asuntos? —preguntó el pequeño Anton con voz aflautada—. ¡Hablas como si fueras un mafioso!

El comentario provocó un aluvión de risas en la mesa.

—Creo que vuestro tío ha venido lleno de planes secretos —comentó Helen.

—También me he traído esto —dijo poniendo sobre la mesa *El libro de la sabiduría*—. Por algún motivo, me esperaba en mi mesita de noche al llegar al Hotel Rubinstein.

—Ese libro es un viejo conocido… —Oliver sonrió—. Yo le pedí a nuestra amiga que te lo dejaran en la habitación. Estuvo en Las Cosas Olvidadas durante todo el tiempo que permanecí allí, nadie sabe cómo llegó. Tal vez lo olvidó un cliente, lo cual encajaría muy bien con la filosofía de la tienda. Por aquel entonces había una máquina de escribir Remington de 1936 a la venta. Funcionaba perfectamente, así que hubo días de poco trabajo en los que redacté algún cuento de rabinos que había encontrado y que no estaba en esa antología.

—¿Quieres recuperarlo? —le ofreció Saúl, aunque lo cierto era que le daba pena desprenderse del librito sin haberlo leído, tras haberlo tenido tantos días en la mesita de noche.

—Puedes quedártelo como souvenir espiritual.

—¿Seguro? Además, a ti no te he traído nada, aparte del sobre con dinero que no has querido aceptar.

—Has traído una nueva versión de ti mismo —repuso Oliver dándole una palmada en el hombro—. ¿Qué más podría desear?

37

Una predicción con trampa

Jamie se quedó boquiabierto al encontrarse a su excompañero de piso en la puerta. Con las mejillas encendidas, balbuceó algo ininteligible antes de lograr decir:

—Siento mucho la manera en la que ocurrió todo. No tardé ni un día en darme cuenta de que había sido un capullo integral. —Y, mirándolo de arriba abajo, añadió—: Por cierto, tienes muy buen aspecto. ¿Dónde has estado?

—Es una larga historia, pero no he venido a pedir explicaciones, sino a darte lo que es tuyo. —La cara del otro era un poema cuando Saúl le entregó el sobre con los meses atrasados de alquiler—. Lo del transporte no te lo voy a pagar, porque no fue idea mía y pronto tendré que mandar yo a alguien para llevarme mis bártulos a otra parte.

Jamie no paraba de hacer aspavientos con los brazos para indicar que no hacía falta, que de hecho no esperaba recibir el dinero del alquiler porque él ya había perdonado la deuda.

—Prefiero que estemos en paz —dijo Saúl dando por concluida la visita.

—¿No te quedas a tomar una cerveza?

—Tengo prisa, ayer pedí hora con Zoltan y me espera en un cuarto de hora.

—¿Quién es Zoltan? —preguntó Jamie, alucinado.

—Un psíquico que me ha ayudado a cambiar mi vida. ¡Feliz año!

Diez minutos después, Saúl estaba delante de aquel rótulo luminoso con el que había empezado su extraña aventura.

PSÍQUICO ZOLTAN

◈ conoce tu destino ◈

Palpó con las manos ambos bolsillos de su abrigo antes de empujar la puerta de cristal. Lo hizo con mucha más confianza que mes y medio antes.

En esta ocasión, le encontró a otro lado de la mesa y, por su sonrisa relajada, parecía contento de verle.

Saúl se sentó al otro lado y, antes del inicio de la sesión, le entregó el paraguas plegado y dentro de su funda.

—Muchas gracias, le pido disculpas por devolvérselo con tanto retraso. He estado de viaje todo este tiempo, fue algo inesperado.

—Y por lo visto, te ha sentado de maravilla.

—Sí, a veces hay que cambiar de aires para ver las cosas desde otra perspectiva. Por cierto, le he traído esto para su pequeño altar privado —le explicó al ofrecerle una pequeña menorá de bronce—. Es de un anticuario de Cracovia y debe de tener unos ochenta años.

—Muchas gracias… —dijo admirando el bronce pulido y la curiosa curvatura de los brazos del candelabro—. ¿En qué puedo ayudarte ahora? ¿Necesitas pistas sobre tu futuro lejano?

—La verdad es que no, puesto que no sé nada de mi futuro cercano, más allá de una cosa que debo hacer.

Zoltan paseó la mirada por los objetos místicos que llenaban su mesa; le pareció que la menorá encajaba muy bien ahí. Luego su mirada se iluminó al anunciar:

—Acabo de tener una visión sobre tu futuro inmediato.

—¿De verdad? —preguntó Saúl, inquieto—. ¿Y qué has visto?

—A una mujer de cabello castaño. Vais a tomar un café juntos en el que tendréis muchas historias que compartir.

Saúl miró al psíquico con estupefacción. Un movimiento instintivo hizo que se girara hacia una sombra que se perfilaba al otro lado de la puerta de cristal.

—¿Es Sarah? —preguntó mientras el corazón se le disparaba.

—Sí —rio Zoltan—. Se ha escapado para verte al saber que venías. Lo confieso: esta predicción ha tenido trampa.

38

Pruebas para despertar

Tras un abrazo más largo de lo que Saúl esperaba, fueron paseando hasta el Abracadabra, un pequeño café regentado por turcos. Con fingida serenidad, él se sentó frente a ella con la sensación de estar en un sueño del que en cualquier momento despertaría.

Detrás de un té *sencha* humeante, ella apoyó la barbilla entre sus dedos y dijo:

—No pareces el mismo…

—¿Para bien o para mal? —preguntó Saúl con cierta coquetería.

—Para bien, por supuesto. Estás muy guapo y elegante. Tendré que acabar creyendo que mi padre obra milagros. O tal vez sean los aires de la vieja Europa que te han refrescado. ¿Debería hacer yo también una escapadita? —bromeó ella.

—Seguro que te encantaría, pero tú no tienes nada que mejorar. Eres perfecta así.

Saúl se arrepintió inmediatamente de haber dicho eso. Acababa de mandar al diablo la ley del misterio. Afortunadamente, Sarah no parecía haber advertido su resbalón, ya que entornó los ojos y declaró:

—Quizás yo sea perfecta para trabajar de sol a sol, pero mi vida personal es un desastre.

Saúl dio un sorbo al té negro que había pedido en honor a su ritual en Las Cosas Olvidadas. Aunque no tenía nada que ver con aquella delicada variedad rusa, le inspiraba para afinar su escucha y empatía.

—La vida es difícil para todo el mundo, pero me parece muy injusto que lo sea contigo, Sarah.

—¿Y eso por qué? —preguntó sorprendida.

—Porque eres la persona más amable y considerada que conozco. Mereces que las cosas te vayan bien.

—Tú sí que eres amable… —suspiró—. No sé qué pensar, la verdad es que me siento perdida. Creo que no lo sabes, pero viví en pareja tres años con un hombre que resultó tener otra familia e hijos al otro lado del río Hudson.

—Qué me dices… —murmuró Saúl con asombro—. Tu padre me dijo que vives en Manhattan. ¿Ese tipo tenía una familia en Brooklyn?

—No, en Queens —dijo mortificada—. Y no sospeché nada hasta que un día me llamó su esposa por teléfono. Mientras oía como sus hijos pequeños se peleaban, lo más suave que me dijo fue «furcia».

Aquella revelación era tan chocante que Saúl se quedó un instante sin palabras. De manera instintiva, puso su mano sobre la suya y dijo:

—Lo siento.

—Mis relaciones anteriores tampoco fueron para tirar cohetes, pero esta última me mató por dentro. Hace ya dos años que le dejé las maletas en la puerta, pero no me he podido quitar la rabia y la tristeza de encima.

Saúl respiró hondo mientras se decía que, solo un mes y medio antes, no habría sabido qué hacer ante aquellas confidencias. Tratar en la tienda con cientos de personas distintas, cada cual con sus miedos y cargas, había nutrido su compasión. Se había dado cuenta de que todos los seres humanos, como decía Platón, libran una dura batalla.

—Lo que viviste tuvo que ser terrible, pero a veces la vida nos manda pruebas muy duras para que despertemos de una vez y aprendamos algo.

—Pues yo solo he aprendido a desconfiar —dijo ella retirando suavemente la mano, mientras su mirada se hundía en la taza medio vacía.

—No te quedes ahí —le recomendó Saúl—. Tampoco hay que echarse en brazos del primero que pase, pero puedes dar pequeños pasos para recuperar la confianza, en la vida y en ti.

—Hablas muy bonito, pero no sé cómo hacer eso.

Saúl recordó lo que había aprendido sobre los prejuicios, así que disparó:

—Se trata de hacer lo contrario de lo que te dicta tu peor emoción. Si has perdido la fe en la humanidad por lo que te sucedió con ese farsante, puedes sanar frecuentando a personas que encarnen los valores opuestos. Tu padre, por ejemplo. Se nota que te quiere y que te admira mucho. Pasa más tiempo con él, haced cosas juntos. —Tras una breve pausa, añadió—: Recupera tus mejores amistades de la escuela o la universidad, o atrévete a conocer a gente nueva. Descubrirás que el mundo no es tan feo como crees.

Tal vez por el calor que se acumulaba en el local o por la intensidad de las confidencias, Saúl vio que las mejillas de Sarah estaban muy encendidas, así que le propuso:

—¿Qué te parece si damos un paseo hasta el río?

—Me parece bien.

39

La fórmula de la amistad

Envueltos en la niebla de final de enero, los edificios de Manhattan bailaban en la superficie del Hudson como espejismos. En el paseo hasta allí, además de mencionar que una palabra misteriosa le había cambiado la vida, Saúl le había contado varias anécdotas sobre Cracovia para divertirla. Más allá de las batallitas sobre sus ventas, parecía muy interesada en el camarero-psicólogo.

—¡Deberías escribir sobre ese hombre! Y también sobre todo lo demás que me cuentas. En el tiempo que estuviste en la oficina, siempre decían que tenías un don para escribir.

—Me sorprende que me comentes eso —había replicado él—, porque entré como diseñador gráfico...

—Quizás estabas en el lugar incorrecto. Tú no te acuerdas, pero corregiste el *copy* de una campaña que no arrancaba ni a tiros, y el cliente la usó palabra por palabra.

Mientras Saúl observaba de reojo cómo la melena castaña de ella caía sobre el río, se dijo que probablemente había muchas cosas que desconocía sobre sí mismo. ¿Le sucedería eso a todo el mundo? Tal vez la principal tarea de nuestra vida fuera esa, se dijo, descubrir lo que llevamos dentro para ofrecerlo a los demás.

La voz ronroneante de Sarah le sacó de sus pensamientos.

—Gracias por tu tiempo, Saúl. Me has hecho sentir mejor.

Al notar cómo ella le ponía la mano en la cintura experimentó una descarga eléctrica. Tuvo que hacer un ejercicio de autocontrol para ocultar sus nervios.

—Tengo una pregunta que quizás te suene infantil… pero te la haré igualmente: ¿quieres ser mi amigo?

—Por supuesto. —Saúl tragó saliva.

—Me refiero a quedar de vez en cuando para tomar un café, como hoy, y luego dar un paseo. Ahora me doy cuenta de lo sola que he estado todo este tiempo…

—Pues eso tiene fácil solución —dijo él celebrando poder usar una de las perlas aprendidas en Cracovia—. ¿No conoces la fórmula de la amistad? Me la enseñó el camarero-psicólogo.

—La verdad es que no… —dijo Sarah, risueña.

—Yo también he estado solo mucho tiempo, así que podemos aplicar esta fórmula: la soledad del uno + la soledad del otro = cero soledad.

Ella sonrió y Saúl sintió que la primavera había llegado de forma anticipada a Nueva York.

—¿Comemos mañana? —propuso ella.

—Mañana vuelo a California. Quiero dar una sorpresa a mi padre el día de su setenta cumpleaños. No sabe que estaré allí.

—Llámame cuando vuelvas, entonces.

—Para eso necesitaría tu número —dijo mientras el corazón le latía como un tambor de guerra.

—Eso tiene fácil arreglo. Pásame el teléfono que te apunto mi contacto.

Al sacarlo de su bolsillo, Saúl descubrió que se había vuelto a quedar sin batería. Contrariado, se dijo que algunas cosas no mejoraban.

Ella se dio cuenta y soltó una risita antes de sacar un bolígrafo de su bolso. Como una adolescente, le agarró la mano para escribirle su número sobre la piel. Luego le dio un beso en la mejilla y se marchó.

Con el Hudson a sus espaldas, Saúl observó, embelesado, cómo se alejaba. Sarah se giró por última vez y gritó:

—Ahora que tienes mi número, ¡mándame esa palabra mágica que lo cambió todo!

Luego aceleró el paso hasta desaparecer entre la bruma.

40

Las tres claves de Mazal

M

Esta consonante, en hebreo, señala el LUGAR OPORTUNO.
Si no estás donde tienes que estar, o si pasas delante
de las oportunidades con los ojos cerrados,
la fortuna no puede favorecerte.

Z

Indica el TIEMPO OPORTUNO.
Muchas personas pierden lo mejor de su vida al precipitar
los acontecimientos o aplazar lo que deberían hacer hoy.
El éxito depende de elegir bien el momento.

L

Hace referencia a la ACCIÓN OPORTUNA.
De nada sirven mil sueños y planes si se quedan en la mente.
Cuando asumes que todo está por hacer y que nadie lo hará
por ti, llegas a la pregunta simple que lo cambia todo:
¿Qué puedo hacer ahora?

Si eliges el lugar oportuno y el momento oportuno para hacer la acción oportuna, tu buena estrella se encenderá.

EPÍLOGO DEL AUTOR: CINCO SECRETOS FINALES

En mi único viaje a Israel hasta la fecha, recuerdo algo curioso que me sucedió paseando por una de las avenidas de Tel Aviv. Me considero una persona bastante austera en lo que respecta a las compras, y no suelo adquirir nada que no haya decidido previamente.

Me cuesta especialmente comprar ropa. Es algo que me da tanta pereza que puedo andar durante años con pantalones viejos con tal de ahorrarme el engorro de entrar en una tienda, elegir distintas prendas, pasar por el probador, etcétera. Es un tiempo que prefiero invertir en otras cosas, motivo por el que, a diferencia de Saúl al regresar de Cracovia, a menudo visto peor de lo que debería.

Explico esto para que se entienda el valor de lo que me sucedió en esa avenida por la que paseaba despistadamente, camino de un museo.

Un hombre delgado de edad avanzada salió de una tienda de camisas y me preguntó:

—¿Es usted actor?

—Creo que se confunde —le dije, sorprendido.

—Vamos, no sea tan discreto… Usted es actor, le he visto en una película y en un par de series. Por favor, entre, desearía hacerme una foto con usted.

Para no desilusionarle, acabé entrando en su tienda de camisas. Allí se tomó un par de fotos conmigo y luego me explicó que vendía una marca local con el significativo nombre de *Made in Hell.* Me instó a que me probara alguna, pues aún no había tenido ocasión de ver a un actor famoso, como yo, vistiendo esas prendas.

No recuerdo cómo continuó la cosa, pero sé que salí de allí habiendo comprado una o dos camisas. Tal vez por vanidad, quien sabe, me había dejado llevar por un truco que, sin duda, aquel hombrecillo utilizaba constantemente para impulsar las ventas entre los turistas.

Más allá de si es moral recurrir al engaño para vender, de esta anécdota hay dos puntos que complementan lo que hemos visto a lo largo del libro.

1. *La venta nunca hay que realizarla al principio, sino al final*

Cualquier persona que intente vender de entrada, sin haber establecido antes una relación, fracasará en el 99% de los casos. Cuando nos encontramos en una ciudad exótica donde los «ganchos» intentan hacerte entrar en comercios, o bien tratan de venderte souvenirs o tours, nuestra reacción es de huida.

Como saben bien los comerciales expertos, el primer paso para, quizás, cerrar una venta, es establecer una relación personal. Y eso requiere interesarse por la situación del posible cliente, aunque nos cuente cosas que nada tienen que ver con lo que le queremos ofrecer. Al prestar nuestra escucha sincera, haciendo las preguntas pertinentes para que el otro pueda explayarse, ya le estamos dando algo de valor. Esto aumentará las posibilidades de que, al final, él o ella nos entregue algo de valor a nosotros.

Al final, las relaciones entre las personas, y no solo las comerciales, se basan en el intercambio, y quien necesite crear el vínculo tendrá que dar más al principio, sin esperar otra cosa que el otro quiera recibir lo que se le da.

2. Hacer sentir bien a los demás siempre sale a cuenta

Quizás la argucia del camisero no sería un buen ejemplo, pero en cualquier otro caso procurar el bienestar de los demás es un buen negocio.

Creo que mucha gente subestima el poder de la verdadera amabilidad en el éxito de una empresa. Los seres humanos somos, ante todo, emocionales, por lo que siempre volveremos a los lugares y a las personas que nos hayan hecho sentir bien.

Puedo poner un ejemplo práctico relacionado con los hoteles. Por mi tipo de trabajo, me veo obligado a alojarme en cientos de ellos. Los autores y conferenciantes suelen acabar en impersonales establecimientos de cinco estrellas donde, más allá de la calidad de las instalaciones, el trato suele ser impersonal o, como mucho, de cortesía. Son alojamientos con muchas habitaciones en las que, por caro que sea, eres solo un número más a gestionar.

A la hora de valorar la calidad de los lugares, de entrada, es fácil dejarse convencer por categorías como las estrellas de un hotel o las estrellas Michelin de un restaurante. A medida que te vuelves un nómada experto, sin embargo, descubres que el verdadero valor está en otras cosas.

He comido en algunos de los restaurantes más premiados del mundo, pero la comida que casi me hizo llorar de felicidad fue en un pequeño establecimiento de Barcelona que no tiene distinción alguna. En cada plato podías sentir el amor del cocinero, además del trato cariñoso del personal que te atendía.

El peor hotel del mundo para mí es uno de cinco estrellas que está en Budapest, y que no nombraré para no perjudicar a quienes trabajan allí. Tras reservar cuatro noches una habitación, que hubo que pagar por adelantado, al llegar a la capital húngara a medianoche descubrimos que el hotel estaba cerrado por reformas desde hacía meses. Nadie nos había informado de ello, y al final, tras varias llamadas, nos llevaron a un establecimiento inferior y a cara de perro.

El mejor hotel del mundo, también a mi parecer, se encuentra en Fort Cochin, al sur de la India, y es desde donde escribo estas líneas. El Fort Bridge View es un sencillo hostal que cuesta diez veces menos que el timo de Budapest y el servicio y amor que recibes es infinitamente superior: no tiene precio. Lo llevan dos hermanas tibetanas, Rinzin y Pema, y cualquier persona que entra es tratada como un familiar o un buen amigo. Es imposible venir aquí y no desear volver.

3. *El amor es la piedra filosofal*

Pido disculpas si me he extendido demasiado en estos dos ejemplos, pero creo que ilustran aspectos que olvidan los manuales de ventas, que suelen centrarse en los procesos, pero no en el contenido.

Agotada la anécdota del camisero, voy a añadir tres puntos más.

Hace unos meses, charlando con un amigo que estaba muy centrado en la venta online de su producto, cosa que le obligaba a invertir constantemente para lograr impacto, le dije: llegará un momento en el que tendrás que tomar una decisión. O eres un vendedor, con lo que siempre tendrás que estar echando leña al fuego, dedicando la mayor parte de tu tiempo al marketing, o creas algo de tanto valor que todo el mundo venga a ti para disfrutarlo.

Como exeditor y especialista en libros de desarrollo personal —sí, el amigo escritor del que habla Madame Kohan soy yo mismo—, he comprobado que son los lectores, y no el marketing, los que otorgan el éxito a un libro.

Puedes invertir decenas de miles de dólares o euros en poner anuncios. Puedes cubrir incluso autobuses y metros con la portada de un libro, pero si los lectores no lo perciben como útil y valioso, las ventas morirán en cuanto se pare la publicidad.

En cambio, podría citar decenas de libros de sellos medianos o pequeños que se reeditan constantemente sin que la editorial haya invertido un céntimo. El boca oreja funciona así. Un lector se enamora de un libro y, al terminarlo, necesita regalarlo a otros para compartir la felicidad que le ha procurado.

No hay campaña de marketing que pueda conseguir eso, por lo que deduciremos que el amor es el ingrediente definitivo, la piedra filosofal que puede convertir en oro aquello que toca.

Un médico apasionado por el bienestar de sus pacientes tendrá la consulta siempre llena, así como es muy difícil conseguir mesa en el restaurante barcelonés que antes he mencionado (y que mantengo en secreto para poder seguir comiendo allí). Se habla mucho de las malas noticias, porque los medios nos bombardean con ellas cada día, pero lo cierto es que las buenas noticias también vuelan.

Decía Nina Simone: «*Tienes que aprender a levantarte de la mesa cuando ya no se sirva amor*». Por el mismo motivo, donde se trabaja y se vive con amor será siempre un foco de atracción para las almas sensibles.

4. *Busca la excelencia, no el resultado*

La obsesión por conseguirlo todo *ya*, muy propio de lo que llamo Generación Nespresso, tiene efectos colaterales fatídicos. Algunos de ellos, nos sumergen en un estado de ansiedad e insatisfacción permanente, tratamos peor a las personas —y, de paso, a nosotros mismos—, la calidad de nuestro trabajo es menor y el disfrute, no digamos.

Quien vive obsesionado por los resultados va cambiando de estrategia e incluso de actividad, dando palos de ciego a ver si acierta esta vez. En realidad, no ama lo que hace, y los frutos son tan pobres como los que recogería un agricultor al que no le apasione el campo.

Si se consigue algo con este enfoque, el premio es de corta duración porque no fidelizas a nadie. Ni siquiera a ti mismo.

Por eso es tan importante descubrir lo que te gusta y dedicarte a ello en cuerpo y alma.

Desde ahí, el camino a la excelencia es más largo, pero procura un sinfín de satisfacciones: disfrutas del proceso porque sientes que creces con él; tu motivación es superarte, porque la competición es solo contigo mismo. Esa mirada paciente, además, te permitirá crear algo que sea realmente perdurable y que aporte al mundo belleza y ayuda.

El resultado, cuando llega, es solo una consecuencia, porque cuando haces lo que te gusta te sientes pagado todos los días.

5. *Y un último secreto: lo pequeño es tan difícil como lo grande*

Quizás esta última clave te cause extrañeza, pero, al menos en mi caso, es una verdad comprobada. Cualquier cosa que tengas en mente hacer, querido lector, querida lectora, te aconsejo que la hagas a lo grande.

Entre todos los prejuicios que tenemos, uno de ellos es que poner el listón más bajo lo hará más sencillo.

Puedo poner como ejemplo mis primeros pasos como escritor. Tras conseguir cierto éxito como escritor de literatura infantil y juvenil, estuve varios años luchando para que se publicara una novela literaria para adultos. Era un libro que se dirigía quizás al 1% de la población, y no tenía vocación internacional. Al final salió en una editorial pequeña y se vendieron poco más de cien ejemplares.

Aunque cueste de creer, cuando cambié de chip y empecé a pensar en libros que pudieran ser útiles a todo el mundo, las puertas se abrieron. Descubrí que vender 100 ejemplares puede ser tan fácil o difícil como vender 100.000. Todo depende de cuál es el público al que te diriges.

Puedes trabajar para tus vecinos, para quienes son como tú y tienen gustos similares, o bien para el mundo entero. En mi caso, eso marcó toda la diferencia.

Cuando escribo, quiero que me entienda el taxista de Nueva York, la oficinista del Golfo, el profesor rural de la India. Trabajo para todos ellos.

¿Cuál es tu proyecto y dónde pones el límite? ¿A cuántas personas pretendes hacer felices? ¿Qué necesitas hacer para llevarlo a cabo? ¿Estás dispuesto a empezar ya?

Solo tú tienes la respuesta.

¡*Mazal Tov*!

FRANCESC MIRALLES

EL LIBRO DE LA SABIDURÍA

Cuentos y proverbios de la tradición judía

Desde la noche de los tiempos, los cuentos han servido para ilustrar reflexiones que en un ensayo o clase magistral nos pasarían por alto o bien nos costaría digerir.

En el estudio filosófico o espiritual, el relato nos otorga la ventaja de que puede ser recordado y transmitido a otros, del mismo modo que nuestros padres y abuelos nos contaban historias que a su vez les habían contado a ellos.

Hay cuentos de muchas clases y procedencias, pero los que componen este pequeño volumen son en su mayor parte de la tradición judía, sobre todo del jasidismo.

Esta escuela fue fundada en el siglo XVIII por el rabino polaco Israel Ben Eliezer, quien sostenía que Dios está en todas partes y que cualquier ser humano puede comunicarse con él, sin necesidad de otros intermediarios.

Para ayudar a encontrar lo divino y lo espiritual en lo cotidiano, empezaron a transmitirse lo que hoy se conoce como cuentos jasídicos, que han pasado de generación en generación. Muchos de los que han llegado hasta nuestros días fueron recopilados por el filósofo de origen austríaco Martin Buber.

Aunque algunos de los relatos son muy breves y concisos, se recomienda al lector no degustar más de uno en cada sesión, ya que el cometido de estas historias es inspirar e invitar a la reflexión.

La presente antología se completa con una selección de proverbios de la tradición judía que son, asimismo, excelentes herramientas para el crecimiento personal y la sabiduría en general.

CUENTOS JUDÍOS

Acerca de los inventos modernos

El rabino de Sadagora era un hombre profundamente sabio. Un día, compartiendo sus pensamientos con sus hasidim, comentó:

—No hay nada en este mundo de lo que no podamos aprender. Todo, absolutamente todo, puede enseñarnos una valiosa lección.

Un hasid, a quien no convencían las palabras del rabí, preguntó con curiosidad:

—Entonces, díganos, maestro, ¿qué puede enseñarnos el ferrocarril?

—Del ferrocarril podemos aprender que por un instante podríamos llegar tarde a nuestro destino o perderlo todo.

Otro discípulo se animó a preguntar:

—¿Y del telégrafo?

—Que cada palabra cuenta, y que nos las cuentan todas.

—¿Y del teléfono? —volvió a preguntar el primer hasid, ya más convencido:

—Que allí se oye lo que se dice aquí.

El tren correcto

Un reconocido abogado visitó a su amigo de la niñez, el rabí Eljanan Waserman, y al constatar que este vivía entre grandes penurias, le dijo con preocupación:

—Eljanan, siempre has sido el más listo de los dos; si hubieras estudiado para abogado hoy tendrías muchas riquezas.

El rabino no contestó a las palabras de su amigo.

Varias horas después, el abogado, acompañado por el rabino, se dirigió hacia la estación donde debía coger el tren de vuelta a su casa.

Cuando llegaron, había dos trenes listos para salir. El que se dirigía al destino del abogado era una máquina muy vieja y deteriorada, y el segundo tren, que iba en otra dirección, lucía un aspecto cómodo y reluciente.

El abogado se disponía a subir al tren viejo, cuando el rabino le preguntó:

—¿No prefieres coger el tren más moderno? ¡Seguro que viajarás mucho más cómodo!

Su amigo le lanzó una mirada extrañada y respondió:

—Ese no va en mi dirección.

El rabino, como si no le hubiera escuchado, insistió:

—Pero ¿no prefieres viajar en un tren nuevo y con asientos acolchados?

Sintiendo cierta irritación, el abogado le replicó:

—Eljanan, ¡no estás siendo razonable! ¿Para qué quiero tanta comodidad si no me va a llevar hacia donde quiero ir?

Entonces, el rabino sonrió y le dijo tranquilamente:

—¿Has oído tus palabras? Porque no pueden ser más ciertas. Cuando deseas alcanzar una meta, la comodidad del camino no importa. Lo esencial es llegar a tu destino. Cuando hoy me dijiste que podría haber sido un hombre rico si me hubiera hecho abogado, tenías razón. Pero mi objetivo en la vida no es ese. Por lo tanto, ¿para qué quiero la prosperidad, si no me lleva a la meta que yo deseo alcanzar?

No cojas ese camino

Un rabino estaba impartiendo enseñanzas de moral en la sinagoga. Durante su discurso animó a los asistentes a que dejaran de lado sus malas costumbres, y para finalizar, les advirtió:

—Quizá estáis pensando que yo, en algún momento, también he podido desviarme por el mal camino. Pues bien, permitidme que os conteste con la siguiente parábola: Un hombre se había extraviado en un oscuro e impenetrable bosque y no era capaz de hallar la salida. Por suerte, se encontró con otro hombre, y le rogó que le ayudara. Pero este le replicó: «No tengo ni idea de cómo salir de aquí, pues yo estoy igual de extraviado que tú. Pero sí que puedo darte un consejo: No cojas el mismo camino por el que he ido yo».

Libre elección

Un buen día, el rabino Nahum comentó a sus discípulos:

—Si os dejasen elegir libremente entre todos vuestros sufrimientos, ¿qué creéis que pasaría?

Todos guardaron silencio.

—La respuesta es evidente: cada uno retomaría los suyos, por encontrar que todos los demás son todavía peores.

El camino transitado

Estando en Jerusalén, un rabino avanzaba por un camino cuando se cruzó con una niña. Esta, al verlo, le preguntó:

—¿Por qué atraviesas este campo que no es tuyo? Tus pies estropean el grano y las espigas, impidiendo que crezcan, y estás causando un gran perjuicio al dueño.

Sorprendido, el rabino le contestó:

—¡Pero si estoy siguiendo un camino ya trazado!

La niña le replicó a esto:

—Cierto. Otros desconsiderados lo trazaron antes que tú.

Aprendí nada

El rabino Aarón de Karlín, al regreso de una de sus habituales visitas a su maestro el Maguid de Mezritch, fue interrogado por un grupo de discípulos y conocidos, que deseaban escuchar qué enseñanzas había aprendido durante su viaje. Este les contestó:

—Nada.

Sus oyentes, desconcertados, volvieron a insistir. Pero este volvió a responder:

—Aprendí nada.

Convencidos de que el rabino Aarón estaba escondiendo alguna valiosa perla de sabiduría, adujeron, irónicamente, que esos viajes a Mezritch parecían una molestia inútil, en vista de que no obtenía ninguna enseñanza de ellos.

—Pero es que eso es exactamente lo que aprendí —respondió el rabino, que nada es lo que sé.

Cada uno tiene su lugar

Un discípulo se acercó a un rabino y le dijo:

—Los sabios aseguran que no hay una cosa que no tenga su lugar en este mundo. El hombre también lo tiene. ¿Por qué, entonces, la gente a veces se siente falta de espacio?

El rabino no dudó en contestar:

—Porque cada uno quiere ocupar el lugar de otro.

Los hombres pueden encontrarse

En el curso de un viaje, el rabino Iehúda Zvi y el rabino Shimón recibieron la noticia de que el otro recorría el mismo camino, pero en sentido opuesto.

Los dos bajaron del carruaje y salieron al encuentro del otro. Se saludaron como hermanos y el rabino Iehúda comentó:

—Ahora entiendo ese dicho popular que reza: «Los hombres pueden encontrarse, pero no las montañas». Si dos hombres se consideran sencillamente seres humanos, se encontrarán. Pero si uno o los dos se consideran altísimas montañas, nunca podrán encontrarse.

En las huellas de su padre

A la muerte del rabino Mordejái, su hijo Nóaj asumió la sucesión de su padre.

Aunque había prometido seguir los pasos de su padre, sus discípulos notaron que actuaba de una manera completamente diferente a este, así que le preguntaron por qué lo hacía.

—Hago lo mismo que hacía mi padre. Él no imitaba a nadie. Yo tampoco lo hago.

La llama de una vela

Un rabino fue a ver al zapatero para encargarle que le arreglara unos zapatos. Cuando entró en la tienda ya era casi de noche, y el zapatero estaba realizando su trabajo iluminado pobremente por una sola vela.

El rabino se sintió mal por obligar al zapatero a trabajar en esas condiciones, y se ofreció a volver otro día con el encargo. Pero el zapatero le replicó:

—Espérese, no hay problema. Mientras la llama de esta vela arda, se puede trabajar.

Tras escuchar estas palabras, una vez el rabino tuvo sus zapatos perfectamente arreglados, corrió hacia la Yeshiva, la escuela donde enseñaba el Talmut. Allí compartió con sus discípulos la siguiente reflexión:

—Hoy he recibido una valiosa enseñanza: mientras una vela tenga llama, lo que sea se puede enmendar.

Lo más importante

Tras la muerte de rabino Moshé, el rabino Méndel preguntó a uno de sus discípulos:

—¿Qué era lo más importante para vuestro maestro?

—Cualquier cosa que estuviera haciendo en el momento —respondió el discípulo.

Para conocer a una persona

Estaban los sabios debatiendo sobre qué cualidad era la más indicada para valorar el carácter de un ser humano, cuando, en medio de la discusión, el rabino Eliah dijo para zanjar el tema:

—Yo creo que el carácter de alguien puede ser definido por su *bekosó*, su *bekisó* y su *bekaasó* (su vaso, su bolsillo y su enfado).

Los demás sabios rieron la ocurrencia, y uno de ellos rebatió:

—Aunque ciertamente es un verso ingenioso, este elevado debate no debería ser resuelto con un tonto trabalenguas.

El rabino Eliah rogó que le dejaran explicarse, y así continuó:

—El vaso de un hombre es muy revelador ya que, según llene la copa de sus invitados, sabremos valorar su hospitalidad. Al mismo tiempo, su forma de beber también nos hablará de sus vicios o de su fuerza de voluntad. Además, una persona percibirá el vaso de su existencia medio vacío o medio lleno, dependiendo de su carácter. El bolsillo de un hombre nos permitirá evaluar virtudes como la caridad y la compasión. Por último, la forma de dominar su enfado nos mostrará la empatía y amabilidad que es capaz de mostrar hacia sus semejantes.

Los demás sabios volvieron a reír, pero esta vez asintieron mostrando conformidad. Uno de ellos añadió:

—Estas carcajadas me recuerdan que la risa también sirve para juzgar a una persona a través de su capacidad de reírse de sí mismo y de compartir alegría con los demás.

Los que han de oír, que oigan

Una gran muchedumbre se aglomeraba en torno a un célebre rabino. Deseaban escuchar lo que tenía que enseñarles.

Contra todo pronóstico, alzó la voz y dijo:

—Esto no los ayudará.

Esperó unos instantes, antes de agregar:

—Quienes han de oír, lo harán incluso en la distancia. Los que no, no lo harán por cerca que puedan estar.

El más feliz de los caballos

Un rabino estaba mirando por la ventana y vio pasar por la calle a tres carros repletos de heno, cuyos dueños los conducían hacia el mercado para venderlos. Los tres carros avanzaban en fila, y los caballos que tiraban del segundo y tercero comían del heno del carro que iba delante.

El rabino le preguntó a un amigo que estaba por allí cerca cuál era, en su opinión, el caballo más feliz de los tres en ese momento.

El hombre, confundido, respondió que no tenía ni idea. Entonces, el rabino dijo que, sin duda, se trataba del caballo que iba en el medio, ya que, a medida que iba comiendo, su carga se iba haciendo más y más ligera.

El árbol que crece

El rabino Uri solía compartir con sus discípulos la siguiente observación:

—El hombre es como un árbol. Si uno se para frente a él a mirarlo fijamente, para ver cómo y cuánto crece, no verá nada. En cambio, atendiendo a sus necesidades, podándolo y protegiéndolo de los insectos, alcanzará su desarrollo a su debido tiempo. Con el hombre ocurre exactamente lo mismo: necesita superar obstáculos, progresar para crecer. Pero no se puede estar examinando a cada hora su crecimiento interior.

Encontrarse a uno mismo

Había un joven tan despistado que, cuando se levantaba cada mañana, era incapaz de recordar dónde había dejado sus cosas la noche anterior. Este defecto le angustiaba muchísimo y se pasaba las noches en vela temiendo no encontrar sus zapatos o sus ropajes al día siguiente.

Un día, antes de acostarse, se le ocurrió una solución. Anotó en una hoja de papel dónde había guardado sus cosas, y la dejó sobre la mesita de noche. Cuando despertó con las primeras luces del alba, leyó la hoja de papel y, de esta forma, pudo encontrar sin problemas sus pertenencias, exactamente en el lugar donde las había dejado el día anterior.

«Qué bien», suspiró, «creo que lo he encontrado todo, menos... ¿y yo? ¿En qué sitio estaré yo?» Buscó por cada rincón, por toda la casa, pero no fue capaz de encontrarse.

Como suele ocurrirnos a todos.

Una cosa tras otra

El rabino de Kobryn compartió una de las mayores lecciones que había aprendido:

—Cada vez que mi maestro me enseñaba algo, no quería seguir escuchando nada más, hasta que no ponía en práctica lo que ya me había enseñado. Solo entonces volvía para seguir aprendiendo de él.

La mayor pobreza

Había un hombre muy acaudalado a quien le gustaba presumir de sus riquezas frente al Jafetz Jaím. Cuando este le replicó que mejor haría en dedicar más tiempo a los estudios, el millonario le respondió que no tenía tiempo. Entonces, el Jafetz Jaím aseguró:

—Tu falta de tiempo te convierte en un pobre, porque no hay mayor pobreza que la del hombre que no dispone de tiempo.

Caminar con la propia luz

Un joven se acercó al rabí de Rizhyn y le comentó:

—Paso muchas horas estudiando y, mientras lo hago, siento la vida y la luz, pero cuando dejo de estudiar todo desaparece. ¿Qué puedo hacer?

—Esto que me cuentas es lo mismo que ocurre cuando un hombre anda por el bosque caída la noche y durante un tiempo se une otro que lleva una linterna. Llegado el cruce, separan sus caminos y el primero debe seguir solo. El hombre que lleva su propia luz no tiene nada que temer —respondió el rabino.

Tu única competencia

Un rabino escuchaba las cuitas de alguien que acusaba a un competidor de robarle sus ganancias. Cuando el otro terminó de quejarse, el rabino le preguntó:

—¿Te has fijado que un caballo, al abrevar en la orilla de un río, patea siempre el suelo con su casco? ¿Tienes idea de por qué actúa así?

El hombre, molesto porque el rabino no parecía haber escuchado nada de su diatriba, se quedó mirándolo sin saber qué decir.

—Voy a explicarte cuáles son sus razones —continuó el rabino—. Lo que sucede es que el caballo, al inclinarse para beber, descubre el reflejo de su cabeza en la superficie del río. Creyendo que se trata de otro caballo que ha venido para robarle su agua, cocea la tierra con la intención de asustarlo. Seguramente que los miedos de ese animal te parecerán absurdos, ya que el río lleva mucha agua y puede dar de beber a muchos equinos, no solo a él. Pero si lo piensas bien, te darás cuenta de que tú te comportas, en el fondo, igual que ese caballo. Crees que el río de la riqueza solo puede saciarte a ti y a nadie más, y por eso das coces cuando descubres a un supuesto competidor. Pero la generosidad de Dios es un río que puede abastecer a todos. Gestiona tus asuntos tan sabiamente como sepas, y no olvides que tu única competencia es tu propio reflejo sobre la superficie del agua.

Alimentar con sonrisas

El rabino Ijíel Mordejai Gordon solía comparar un rostro resentido con un pozo infectado. Una actitud negativa puede diseminar entre los demás el virus de la tristeza como una oscura epidemia.

Dice el Talmud: «Aquellos que enseñan al amigo el blanco fulgor de su sonrisa están ofreciéndole más que si le regalaran una jarra de leche».

La sonrisa es un símbolo de respeto y empatía hacia los otros. Porque, a menudo, el hambre del corazón es más acuciante que la necesidad de alimentos.

Una hora

El rabino Moshé Leib solía decir:

—Aquel ser humano que no tenga una sola hora para sí mismo cada día no es un ser humano.

La distancia entre dos corazones

En una ocasión, un sabio hizo la siguiente pregunta a sus discípulos:

—¿Por qué las personas gritamos cuando estamos enfadadas? ¿Por qué, si estamos furiosos, hablamos y voceamos a alguien que está a nuestro lado, en vez de hacerlo en voz baja?

Sus seguidores fueron respondiendo algunas razones, pero el sabio no se sintió satisfecho con ellas, y, al final, les dijo:

—Si dos personas se enfadan, sus corazones comienzan a tomar distancia. Cada vez están más lejos el uno del otro, y por eso son necesarios los gritos, para que puedan escucharse. Cuanto más furiosas están esas personas, más distancia hay entre sus corazones, y más necesitan elevar la voz.

Los discípulos asintieron, impresionados.

—Por el contrario —siguió el sabio—, cuando dos personas se aman, suelen hablarse con mucha suavidad. ¿Por qué? Pues debido a que sus corazones se van acercando uno al otro. La distancia entre ambos es cada vez más corta, y cuanto más se aman, menos deben elevar la voz, hasta que solo hace falta susurrar. Y, por último, con mirarse a los ojos será suficiente, porque las palabras sobran cuando el amor es verdadero.

Como conclusión, el sabio advirtió a sus discípulos:

—No permitáis que vuestros corazones tomen demasiada distancia cuando estéis enfadados, pues quizá un día llegarán tan lejos que no sepan hallar el camino de vuelta.

Contra las preocupaciones

El rabino Mordejái solía decir:

—No deberíamos preocuparnos. Solo deberíamos permitirnos una preocupación. Un hombre no debería preocuparse jamás por nada, salvo por la preocupación.

Quién es quién

En una ocasión, dos personas acudieron al famoso «Nodá Biiehudá» para solucionar un conflicto. Una de ellas iba ataviada con las ropas harapientas de un cochero, mientras que la otra vestía los respetables ropajes de un comerciante.

El que tenía aspecto de cochero narró en tono quejumbroso que él, en realidad, era un comerciante de otra metrópoli, y que había contratado los servicios del otro hombre para que lo llevara hasta Praga, como cochero que era. Durante la ruta habían atravesado un bosque, y allí el cochero lo había asaltado y le había robado todas sus pertenencias. También le había obligado a cambiarse las ropas con él y a ocupar su lugar en el pescante del coche, de modo que, cuando llegaron a Praga, el comerciante parecía un pobre cochero, y el verdadero cochero entró en la ciudad como un acaudalado comerciante.

Desde entonces, la víctima había ido explicando su desgracia a todo el que quería escucharlo, pero nadie le había creído, mientras que el criminal disfrutaba de la vida que le había robado. Por suerte, algunas personas compasivas habían conseguido que el ladrón compareciera junto a él en un juicio rabínico.

Cuando fue el turno de que hablara el que tenía aspecto de comerciante, este alegó con una sonrisa:

—Rabino, ya ve usted que este hombre está loco. Sufre un delirio por el que se cree un comerciante y a mí me cree un cochero, y no deja de perseguirme con esa cantinela, y ya no sé cómo librarme de él.

El rabino siguió preguntando cosas a ambos, pero los dos estaban empecinados en su propia versión, por lo que no llegaron a ningún acuerdo. El rabino les pidió que regresaran al siguiente día. Una vez que salieron por la puerta, encargó a su ayudante que, cuando se personaran para el juicio, no permitiera su acceso al tribunal bajo ninguna circunstancia, y que los mantuviera en la sala de espera hasta que él diera aviso.

Llegó el día siguiente, y ambos se presentaron puntuales. Siguiendo las instrucciones del rabino, su ayudante no les permitió el paso, y les indicó que tenían que esperar. Fueron pasando las horas, y los dos hombres estaban cada vez más impacientes y desesperados. Pasó la hora de comer, y mientras seguían esperando, famélicos y desquiciados, oían al rabino dentro de la otra sala, recitando en voz alta las enseñanzas de los sabios.

Cuando ya estaban a punto de desfallecer, el rabino apareció por la puerta y gritó:

—¡Cochero, adelante!

El hombre ataviado como un rico comerciante se levantó de un salto y se abalanzó hacia la puerta, mientras que aquel que parecía un cochero se quedó sentado en el sitio.

Al instante, no quedó ninguna duda sobre cuál de ellos era el verdadero comerciante y cuál el verdadero cochero.

El camino de la vida

El rabino Moshé Leib comentó:

—Nuestro camino en el mundo es como el filo de esta navaja. A la derecha está el otro mundo. A la izquierda también. El camino de la vida está entre los dos.

Las palabras siempre surten efecto

He aquí una de las enseñanzas del rabino Najman de Bratzlov:

—En ocasiones, las palabras de un sabio no provocan ninguna consecuencia en la persona que las escucha hasta que ha transcurrido mucho tiempo. Con los medicamentos suele pasar igual: a veces curan rápidamente, y otras veces tardan algún tiempo en hacer su función. Pero, antes o después, igual que el medicamento, la palabra dará sus resultados.

La destrucción de los impulsos

Un día, el rabino de Rizhyn leyó la nota de súplica que había escrito un joven pidiendo ayuda de Dios para acabar con sus malos impulsos.

El rabino sonrió al ver lo que aquel joven deseaba con tanta fuerza y le dijo:

—Si deseas quebrar tus impulsos, te quebrarás espalda y caderas en el intento. En cambio, si estudias, trabajas y oras con seriedad, tus impulsos desaparecerán por sí mismos.

El orgulloso y el humilde

Un rabino llegó a una ciudad donde dos hombres competían por darle alojamiento. Las dos casas eran parecidas. La diferencia residía entre ellos. El primero tenía mala reputación y se sabía débil. Al segundo nadie podía acusarlo de la mínima falta. Por esto, salió de su casa con orgullo y solemnidad.

El rabino se hospedó en casa del hombre con mala reputación.

No tardaron en preguntarle cuál era el motivo por el que había decidido quedarse con ese hombre.

—Si Dios no puede compartir habitación con el hombre orgulloso, ¿cómo podría hacerlo yo? —respondió el rabino.

La cuchara

El rabino Méndel estaba compartiendo mesa con el rabino Elimélej. El sirviente olvidó colocar su cuchara. Todos comenzaron a comer, excepto el rabino Méndel.

El tzadik, un hombre justo y juicioso, que lo había estado observando, preguntó:

—¿Por qué no comes?

—No tengo cuchara —respondió el huésped.

El rabino Elimélej le dio entonces una lección:

—Uno debe saber pedir una cuchara y un plato también, si hace falta.

El rabino Méndel jamás pudo olvidar estas palabras. Y así, su fortuna mejoró.

El sirviente fiel

Un rabino explicó:

—Cuando mi hermano David Moshé abre el *Libro de los Salmos* y recita las alabanzas, Dios le dice: «Hijo mío, pongo el mundo en tus manos. Haz con él lo que quieras». Si yo tuviese esa oportunidad, sabría muy bien qué hacer con el mundo. Pero mi hermano es tan fiel que, cuando devuelve el mundo, está igual que cuando lo recibió.

Perdona con tus actos

Durante un trayecto ferroviario, un rabino fue criticado a gritos por un joven que iba en su mismo vagón y a quien le estaba molestando el humo de su cigarro. Al instante, el rabino lo apagó y abrió su ventanilla para que el olor a tabaco se aireara.

Al cabo de pocos minutos, el mismo joven comenzó a quejarse de la ventana abierta, afeando al rabino su conducta. Este pidió disculpas al furioso pasajero, y el resto del viaje lo pasó inmerso en sus lecturas.

Cuando el tren entró en la estación de Vilna, había una multitud esperando para dar la bienvenida al mundialmente conocido sabio, y el irritable joven se sintió fatal por no haberlo reconocido.

En cuanto pudo, se presentó en la casa donde se hospedaba el rabino para ofrecerle sus disculpas. El rabino le quitó importancia al asunto y se interesó por los motivos que habían traído al joven a Vilna.

Este le contestó que ser ordenado *shojet*, matarife, era su mayor deseo. El rabino, con una gran sonrisa, le ofreció la ayuda de su yerno para que se preparara. Además, le presentó a otras muchas personas que le proporcionaron distintos servicios y le fueron de gran ayuda en sus pruebas de ordenación. Y no contento con eso, finalmente, el rabino también le consiguió una colocación.

Cuando el joven se disponía a dejar Vilna, visitó antes al rabino y, profundamente emocionado, le confesó:

—Puedo comprender que me otorgaras tu perdón, pero lo que no entiendo es por qué me has ofrecido tanta ayuda.

El rabino tomó las manos del joven entre las suyas y le respondió:

—Otorgar el perdón de palabra es bastante fácil, sin embargo... ¿cómo podía yo estar seguro de que mi espíritu había quedado libre de rencor? Debes saber que los actos son la forma más efectiva de disolver cualquier inquina. Cuando se ama, nace en uno la necesidad de ayudar al ser amado. Y al ayudarte, generé un amor auténtico hacia ti, mucho más poderoso que cualquier palabra de perdón.

Como una vasija

El rabino Héshel dio a sus discípulos una gran lección cuando dijo:

—Un hombre debería ser como una vasija: recibir de igual manera lo que su dueño vierte en ella: sea vino o vinagre.

El sufrimiento que asumió

Un rabino pasó tres años sufriendo una enfermedad que provocaba la aparición de úlceras en su cuerpo.

Los doctores estaban asombrados. No entendían cómo era capaz de soportar ese dolor. Escuchando aquello, uno de sus amigos más íntimos quiso saber de dónde sacaba la fortaleza para aguantar aquel dolor.

El rabino explicó:

—Cuando era joven y un enfermo acudía a mí, oraba con todas mis fuerzas para que se viera libre de ese dolor. Poco a poco, mi oración se redujo. En cambio, asumía su sufrimiento. Así es como ahora puedo soportarlo.

Dónde pensaba ir

El rabino Yonatan Eibeshutz se dirigía a la sinagoga cuando se cruzó con el alcalde de la villa. Este se interesó por los menesteres del rabino y le preguntó:

—¿Adónde vas ahora?

El rabino Yonatan respondió:

—No lo sé.

El alcalde se fijó en el talit y los tefilín que portaba consigo el rabino, por lo que estaba claro que se dirigía a la sinagoga, así que se tomó su respuesta como una burla y lo mandó a prisión.

Cuando se le hubo pasado el enfado, el alcalde pidió que trajeran al rabino a su presencia y le pidió explicaciones por su improcedente salida de tono. El rabino Yonatan le replicó:

—Yo creo que le respondí de forma muy acertada, mi Señor. Si me hubiera preguntado hacia qué lugar tenía la intención de ir, yo le habría respondido que mi intención era llegar a la sinagoga. Por el contrario, me pidió el lugar exacto de mi destino, y yo le respondí, con gran acierto, no lo sé. Y no andaba tan errado en mi ignorancia, ya que, como ve, pretendía llegar a la sinagoga, y, en su lugar, terminé en el calabozo.

Para alegrar a los demás

Los mitnagdim comenzaron a reírse del rabino de Lejovitz. Por eso, se sorprendieron cuando este se limitó a sonreír.

Viendo que no entendían nada, el rabino comentó:

—No hay ningún ser en este mundo que no haya sido creado para dar alegría a los demás. Yo también he sido creado para alegrar a los demás. Sea a quienes quiero o a vosotros, que os estáis riendo de mí.

Tras escuchar estas palabras, cesaron las risas y los mitnagdim se miraron en silencio.

El saco de oro inútil

Un rabino usaba la siguiente comparación para describir a los avaros: Si un ratón se mete en un costal de harina, obtendrá el doble beneficio del alimento y de un mullido lugar para dormir. Por otro lado, si se mete en un costal de trigo, solo podrá saciar su hambre, pero no hallará un descanso placentero pues las espigas son demasiado incómodas. Por último, si se mete en un costal lleno de monedas, no obtendrá ninguna satisfacción, ya que el oro no se puede comer y es muy duro para tenderse sobre él. De la misma forma sucede con los avaros. Toda la riqueza que poseen no les aporta ninguna satisfacción, pues no saben usarla para gozar de la comida, y el incómodo peso de sus pertenencias no los deja dormir.

Libros

El rabino Moshé de Kobryn resumió una de sus valiosas observaciones de este modo:

—Si pudiera, escondería todo lo que han escrito los tzadikim. He observado que cuando un hombre sabe demasiado, su sabiduría puede ser mayor que sus obras.

Todo lo que tenía

Baal Shem Tov relató que el hijo del rey se perdió por el camino. Llegó a un campo, muerto de sed y hambre, donde había un pastor que pastoreaba a sus ovejas.

Aquel hombre se dio cuenta enseguida de quién era el muchacho y se esforzó en proporcionarle los máximos honores y ayudarlo de acuerdo con sus posibilidades.

Como no tenía mesa, colocó un trozo de tela. Donde debía ir la silla, puso una frazada. De comer, le dio su comida. El agua la trajo del manantial.

Luego, le proporcionó todo lo que pudo para que siguiese su camino. Se despidió de él calurosamente, deseándole lo mejor.

Al regresar a palacio, sus amigos lo recibieron con un banquete lleno de manjares.

Viendo aquello, no pudo más que pensar en la bondad del pastor, con quien deseaba compartir y disfrutar el banquete.

Trajeron al pastor, pero le brindaron toda la atención y los honores al príncipe. Cuando este se hubo marchado, sus amigos se acercaron y preguntaron:

—¿Acaso es más importante un trozo de tela que la seda, el oro y la plata que nosotros compartimos contigo?

—Por supuesto que sí.

Sus amigos no podían creer lo que oían.

—Su trozo de tela y de frazada fueron más importantes porque me dio todo lo que tenía. Hashem no nos mide por lo que tenemos, sino por lo que damos.

Dos clases de amor

Un día, uno de sus discípulos planteó al rabino de Apt:

—Si aquí está escrito que «Y Jacob sirvió siete años por Raquel; y le parecieron unos pocos días, porque la amaba», ¿cómo deberíamos interpretarlo? Quizá ese tiempo le pareció demasiado largo al amante...

El rabino le dio una lección que no podría olvidar:

—Hay dos clases de amor. El primero se dirige al amado y vuelve al amante. Cada hora se hace eterna porque quien ama ansia estar con su amada. El segundo es el amor a la verdadera compañera, que no vuelve al amante. Por lo que nada importa que viva al lado o en la distancia. Por eso a Jacob siete años le parecieron pocos días. Él la amaba y su amor era para ella y no retornaba a él. Porque no pensaba en sí mismo ni en su deseo. Ese es el verdadero amor.

Todo sucede para bien

Había un rey que, sin ser judío, gozaba mucho de la compañía de un rabino de su región. Ambos solían mantener interesantes conversaciones sobre cualquier asunto, y el rey admiraba profundamente la aguda inteligencia de su amigo. Entre los temas favoritos del sabio rabino estaba la providencia de Elohim, por la cual aseguraba que todo lo que pasa es siempre para bien.

Una de las principales aficiones del rey era la búsqueda de aventuras, y siempre insistía para que su amigo lo acompañara y compartiera con él sus locas andanzas.

Un día, el rey organizó una cacería, y, por supuesto, invitó al rabino, quien jamás antes había asistido a una. Como no estaba acostumbrado a utilizar una escopeta, en un fatal descuido hirió de un tiro la mano del rey. A consecuencia de la lesión, el monarca perdió un dedo.

Enfurecido, el monarca mandó a sus soldados que encarcelaran al rabino en el más oscuro de sus calabozos.

Después de un tiempo, con su mano ya bastante recuperada, el rey decidió emprender una exótica travesía por tierras lejanas. En uno de sus destinos, su séquito le aconsejó que no se alejara del grupo, ya que había indígenas peligrosos por los alrededores. Pero el rey no fue capaz de resistir la tentación de explorar por su cuenta, y terminó en poder de una tribu caníbal.

Cuando los salvajes ya estaban a punto de meterlo en el caldero para cocinarlo, se dieron cuenta de que le faltaba un dedo de una mano. Ese descubrimiento los espantó sobremanera, ya que, en su cultura, una mutilación era símbolo de mala suerte. Gracias a eso, el rey fue puesto en libertad y salió con vida de la aventura.

De regreso a su reino, lo primero que hizo fue sacar al rabino de la cárcel, ya que el torpe accidente que este provocó había sido su salvación.

—No he dejado de pensar en todo lo que me contabas sobre la divina providencia, mi querido amigo —le dijo el rey—. Sin embargo, parece que para ti no ha funcionado, ya que todo lo que ha pasado solo ha sido para mi bien. Por el contrario, ¡tú has estado encarcelado mucho tiempo!

Con una irónica sonrisa, el rabino le contestó:

—Mi rey, de no haber estado encarcelado, habría ido con vos en ese viaje, igual que os acompañé siempre en otras aventuras. Y como yo poseo todos mis dedos... ¡habría acabado con seguridad dentro del caldero de esos caníbales!

De cómo un ladrón aleccionó al rabino de Sasov

Viajaba, el rabino de Sasov, con el propósito de recolectar dinero para personas encarceladas a causa de las deudas. Desafortunadamente, no conseguía reunir la suma necesaria para ello. Entonces se lamentó de desperdiciar ese tiempo, en vez de estudiar y orar.

Precisamente, ese mismo día, se enteró de que un judío había robado una prenda de vestir y lo habían azotado y encarcelado. El rabino Moshé intercedió ante el juez y consiguió que fuese liberado.

Cuando el tzadik fue a sacarlo de la cárcel le dijo:

—No vuelvas a hacerlo.

—¿Por qué no? —respondió el ladrón—. Si no he logrado el éxito la primera vez, quizá pueda conseguirlo a la siguiente.

El rabino quedó pensativo y se dijo:

—Si es así, debo perseverar en mi tarea.

Las preguntas

En una aldea se corrió la voz de que había llegado un sabio de inteligencia privilegiada. Alojado en la casa de huéspedes, respondería a todas las preguntas que quisieran hacerle.

Entusiasmado con la noticia, un estudiante de filosofía fue en busca del sabio y al llegar a su habitación vio el cartel: «El maestro responderá dos preguntas por cinco monedas de plata».

El estudiante no quería perder la oportunidad, así que corrió a su casa en busca de todos sus ahorros. Al estar por fin en presencia del maestro, le entregó las cinco monedas, a la vez que le decía:

—¿No le parece un precio abusivo cinco monedas por dos preguntas?

—Ya lo creo que sí. ¿Cuál es la otra pregunta?

El sueño del cantero

Había un cantero que trabajaba muy duro, picando piedras en la falda del monte, desde la salida hasta la puesta del sol.

Un día particularmente caluroso, muerto de agotamiento, decidió descansar al mediodía bajo la fresca sombra de un olivo. Casi de inmediato se quedó dormido y soñó que veía pasar el carruaje real, con el monarca dentro ataviado con sus mejores galas, y acompañado por todo su séquito a caballo.

El cantero suspiró con envidia y pensó: «¡Ojalá yo pudiera ser rey!»

Y al instante, su sueño se vio cumplido. El cantero apareció, de pronto, en el carruaje real, ataviado con los lujosos ropajes del rey.

Mirándose a sí mismo, pensó con orgullo: «¡Ser rey es lo mejor! No me imagino nada más grande que ser lo que soy ahora».

Pero, al cabo de un rato, dentro del carruaje comenzó a hacer un calor insoportable, ya que el sol estaba en lo más alto, y el recién estrenado rey empezó a sentirse a disgusto. Entonces reflexionó: «Parece que estaba equivocado, ser rey no es lo mejor que se puede lograr en esta vida. Ahora comprendo que ser sol es mucho más importante, pues ni siquiera un rey puede escapar de sus molestias. Sí, ¡ahora estoy seguro! Convertirme en sol sería lo más grande de este mundo».

Y nada más soñarlo, el acalorado monarca se transfiguró en el astro rey.

Y por un tiempo disfrutó mucho de su nuevo estado como sol, esparciendo luz y calor por todos los rincones del mundo. Sin embargo, hubo un día en el que algo se interpuso en su agradable tarea. Una nube muy grande se instaló frente a él, y cada vez que el sol se esforzaba por alumbrar a la Tierra, esa nube se colocaba delante de él y no se lo permitía. El sol pensó para sus adentros: «Creía que ser el astro rey era lo más magnífico del universo, pero ser nube es algo mucho más poderoso, ya que tiene la capacidad de importunar al mismísimo sol.

Y tras estas reflexiones, el sol soñó que se transfiguraba en nube, y en eso se transfiguró. Durante varias jornadas se lo pasó de lo lindo importunando al sol, hasta que llegó el día en el que se levantó un viento tan fuerte que la desplazó a lo largo del cielo. Y cada vez que la nube intentaba recuperar su lugar, otro viento se lo impedía. Pensó entonces la nube: «Aunque creía que ser nube era lo más admirable del universo, está claro que ser viento es muchísimo mejor, pues el viento puede importunar a la nube siempre que quiera, por lo tanto, su poder es mucho más grande».

Entonces, la nube soñó que se transformaba en viento, y dejó de ser nube para ser viento. Y como viento, gozó importunando a las nubes y provocando estragos con sus soplidos huracanados en varios lugares del planeta.

Y en esas estaba, cuando, un día, se encontró con una montaña inmensa. El viento la miró y decidió que podría ser divertido derribar aquella mole tan arrogante y soberbia. Hizo acopio de todo su poder y sopló brutalmente contra la montaña. Sin embargo, aunque causó algún destrozo menor aquí y allá, la montaña no dejó de parecer una poderosa montaña. Volvió a intentarlo con todas sus fuerzas, pero la montaña seguía existiendo en toda su magnificencia.

El viento reflexionó entonces de la siguiente manera: «Creía que ser viento era lo más extraordinario que uno podía ser, pero ahora entiendo que ser montaña es algo mucho más fantástico que ser viento. Porque no hay viento tan poderoso que pueda mover una montaña».

Y, de nuevo, el viento soñó que se transformaba, y dejó de ser viento para ser montaña. Pasaron algunos días, y la nueva montaña disfrutaba de su existencia, erguida en toda su majestuosa dimensión. Hasta que llegó un carro lleno de hombres que comenzaron a picar las rocas de sus laderas. La montaña, preocupada porque aquellos canteros estaban extrayendo rocas cada vez más grandes de ella, pensó: «Creía que ser montaña era lo más maravilloso del universo. Pero estaba equivocada, porque un cantero puede destruir la montaña más grande a golpe de su pico, y, por lo tanto, es más poderoso. Está claro que ser cantero es la cosa más magnífica de este mundo».

Y aquí tenemos a nuestro cantero del principio, convertido de nuevo en cantero, despertándose de su largo sueño.

Amargo, no malo

El rabino de Kobryn dio una gran lección a sus discípulos:

—Cuando un hombre está sufriendo no debería lamentarse diciendo «¡Esto es malo!», porque nada de lo que Dios nos envía es malo. Debería decir en su lugar: «¡Esto es amargo!», ya que entre las medicinas las hay hechas con hierbas amargas.

¿Dónde están los muebles?

Se cuenta que un viajero fue a una ciudad lejana con el fin de visitar a un famoso sabio. El recién llegado quedó asombrado al ver que el sabio residía en una pobre estancia repleta de libros. Las únicas piezas de mobiliario que poseía eran una cama, una mesa y una silla.

—¿Dónde están sus muebles, maestro? —le preguntó el forastero.

El sabio, entonces, le preguntó:

—¿Y dónde están los tuyos?

—¿Los míos? —exclamó sorprendido el viajero—. ¡Pero si yo estoy aquí solo de paso!

—Pues yo también... —dijo el sabio como conclusión.

Esta historia nos recuerda que la vida en la tierra es temporal, aunque algunos vivan como si fueran a quedarse eternamente aquí, con lo que se olvidan de lo fundamental: ser felices.

El caballo blanco

Un joven quería ser ordenado rabino, para lo que acudió a ver al rabino Israel Prohobister.

Cuando estuvo frente a él, el rabino quiso saber:

—¿Cuál es tu conducta diaria?

—Siempre voy vestido de blanco, solo bebo agua, mis zapatos llevan tachuelas que me mortifican, me revuelco en la nieve desnudo y cada día ordeno al cuidador de la sinagoga que me dé cuarenta golpes en la espalda —contestó orgulloso el candidato.

Justo entonces, un caballo blanco apareció frente a ellos. Bebió agua, antes de lanzarse a revolcarse en la nieve.

El rabino dijo, señalándolo:

—Es blanco, bebe agua, lleva clavos bajo sus pies, se revuelca y cada día recibe más de cuarenta golpes. Y tan solo es un caballo.

Decir la verdad

El rabino Elimelej de Lizensk compartió una valiosa lección:

—Cuando me encuentre ante el Tribunal Celestial se me preguntará si aprendí como era mi deber. Responderé que no lo hice. Me interrogarán sobre si oré como era mi deber. Y mi respuesta volverá a ser negativa. Por último, me preguntarán si hice el bien. Responderé que no.

Y con esta tercera respuesta, se fallará a mi favor por decir la verdad.

PROVERBIOS JUDÍOS

Haz tres veces una cosa que está mal hacer,
y ya te parecerá buena.

Si un problema puede ser resuelto con dinero,
no es un problema, es un gasto.

El peor enemigo es una felicidad demasiado
prolongada.

El hombre que pierde todos sus valores,
pierde todo su valor.

Ama a quien te diga tus defectos en privado.

Si todos tirásemos en la misma dirección,
el mundo volcaría.

Si no vas a morder, no muestres los dientes.

El objetivo de la sabiduría no es conocer las buenas
cualidades sino aplicarlas.

La libertad es el oxígeno del alma.

Al envejecer, el ser humano ve peor, pero ve más.

Lo que ocurre una sola vez,
probablemente no ocurra nunca más,
pero lo que ocurre dos veces,
probablemente ocurra una tercera vez.

Un viejo amigo es mejor que dos nuevos amigos.

He crecido junto a los sabios
y no he descubierto nada mejor que el silencio.

El orgullo es la raíz de todos los males.
¿Y cómo puede hacer la persona para lograr
salvarse del orgullo?
La respuesta es muy simple: enfocándose en el
«hacer» en lugar de enfocarse en el «ser».

El mundo desaparecerá no porque haya demasiados
humanos, sino porque hay demasiados inhumanos.

Aprende en tu idioma a decir «no sé».

Dios, ayúdame a levantarme, caerme puedo yo solo.

Si no sabes para qué vives, todavía no has vivido.

El jabón es para el cuerpo lo que las lágrimas
para el alma.

Si no puedes explicarlo, quiere decir que no
lo entiendes completamente.

El ser humano debe vivir, aunque sea por curiosidad.

No seas dulce, o te comerán.
No seas amargo, o te escupirán.

Cuando el sabio se enfada, deja de ser sabio.

Quien da no debe recordar,
quien recibe no debe olvidar.

Los toneles vacíos son los que hacen más ruido.

La experiencia es el nombre que la gente le pone
a sus errores.

Sabemos lo que somos,
pero no lo que podemos ser.

Saber estar callado es más difícil que hablar bien.

No hay hombre más aislado que quien ama solamente
a su persona.

Cuando no hay nada que hacer,
se inician los proyectos más grandiosos.

La vejez empieza cuando los recuerdos pesan
más que la esperanza.

Todos se quejan de falta de dinero,
pero de falta de inteligencia, nadie.

Si te esfuerzas y consigues, cree.
Si te esfuerzas y no consigues, puedes creer
(pero considera que quizá ese camino
no es para ti).
Si no te esfuerzas y consigues, no creas.

Quien no añade nada a sus conocimientos,
los disminuye.

El sordo escuchó cómo el mudo dijo que el ciego
vio cómo un cojo corría más rápido que un tren.

Matar el tiempo es suicidarse en cuotas.

Si mañana no has de ser una persona mejor de lo que
eres hoy, ¿para qué necesitas un mañana?

Una verdad a medias es una mentira completa.

Cuando el amor depende de otro factor y ese factor deja
de existir, también deja de existir el amor.
Pero cuando el amor no depende de nada más,
jamás deja de existir.

El que no puede sobrellevar lo malo no vive
para ver lo bueno.

Según se prepara la cama, así se duerme.

Tu amigo tiene un amigo,
y el amigo de tu amigo tiene otro amigo;
por consiguiente, sé discreto.

No te acerques a una cabra por delante,
a un caballo por detrás,
y a un tonto por ningún lado.

El pelo gris es señal de vejez, no de sabiduría.

Con una mentira se puede ir muy lejos,
pero sin esperanzas de volver.

Nunca confíes en el hombre que te cuenta todos sus problemas, pero te oculta todas sus alegrías.

La vida es el mejor de los negocios.
Nos la dan gratis.

AGRADECIMIENTOS

A Irit Aghion-Saar, por desvelarme el significado de Mazal.

Al profesor György Tatár, por su lección filológica.

A las amables gentes de Brooklyn y Cracovia, incluyendo el personal del Hotel Rubinstein, por todo lo que me han enseñado.

A Rinzin y Pema, que saben crear la fortuna.

A Eugenia Soria e Irene Ballestar, por la atenta edición y revisión de este libro.

A Sandra Bruna, una estrella siempre brillante en el firmamento literario.

A María José Bausa y Adriana Hernández, por el trabajo de documentación del legado judío.

A mi amigo del alma Álex Rovira, la primera persona que supo de esta historia.

A mi hermano Andrés Pascual, que me precedió en este premio. Caminar juntos es la mejor recompensa.

A mi «bro» japonés Héctor García, tan lejos y siempre tan cerca.

A los amables lectores y lectoras, gracias por acompañarme, y por iluminar vuestra vida y la de las personas que amáis con la estrella de MAZAL.